"互联网+"背景下高校英语教育的创新发展

常荷丽　著

中国纺织出版社有限公司

图书在版编目（CIP）数据

"互联网+"背景下高校英语教育的创新发展 / 常荷
丽著 . -- 北京：中国纺织出版社有限公司，2023.9
ISBN 978-7-5229-0966-0

Ⅰ . ①互…　Ⅱ . ①常…　Ⅲ . ①英语—教学研究—高等
学校　Ⅳ . ① H319.3

中国国家版本馆 CIP 数据核字（2023）第 165895 号

责任编辑：赵晓红　责任校对：高　涵　责任印制：储志伟

中国纺织出版社有限公司出版发行
地址：北京市朝阳区百子湾东里 A407 号楼　邮政编码：100124
销售电话：010—67004422　传真：010—87155801
http://www.c-textilep.com
中国纺织出版社天猫旗舰店
官方微博 http://weibo.com/2119887771
三河市宏盛印务有限公司印刷　各地新华书店经销
2023 年 9 月第 1 版 第 1 次印刷
开本：787×1092　1/16　印张：10.5
字数：198 千字　定价：95.00 元

凡购本书，如有缺页、倒页、脱页，由本社图书营销中心调换

前　言

　　"互联网+"时代带动了慕课、微课、"微信+移动网络"的兴起和发展，为拓展英语教学手段及方法提供了可能。利用慕课、微课、"微信+移动网络"所创建的英语听、说、读、写教学新模式打破了传统课堂授课模式的限制，改善了师生间的关系及师生话语权，改变了师生角色，增加了师生间传统课堂上的感情，满足了学生个性化、多样化的学习需求和碎片化的学习特点。

　　为适应"互联网+"时代的要求，英语教师在英语教学过程中借助慕课、微课、"微信+移动网络"等网络数字资源形成课上课下、线上线下的混合式教学模式。突出学生学习的主体地位。学生从课程的被动接收者转变为课程的合作者与监督者，从机械的接收者转变为积极的思考者，从被动学习者转变为主动学习者，从观众转变为演员。教师从课程的执行者转变为课程的设计者与开发者，从教导者转变为学习伙伴，从传播者转变为对话人，从监管者转变为激励者，从演员转变为导演。

　　"互联网+"时代的新型英语教学模式的发展，极大地拓展了优质教育资源共享，加速了教育的自我变革能力，从而在一定程度上更好地促进了教育公平，提高了教育质量。

　　本书对互联网背景下高校英语教育的创新发展进行研究。全书共六章，第一章介绍高校英语教育教学理论基础；第二章为高校英语教学改革发展探究；第三章研究了"互联网+"背景下高校英语教学内容创新；第四章研究"互联网+"背景下高校英语教学创新模式；第五章探讨"互联网+"背景下高校英语教学创新评价；第六章对"互联网+"背景下高校英语教师专业素质与效能提升进行研究。

　　本书适合各大高校英语专业教师阅读使用。由于时间仓促，笔者在创作过程中难免存在疏漏之处，敬请各位读者指正。

作　者

2023 年 2 月

目　录

第一章 高校英语教育教学理论基础

我国高校英语的教学模式长期以来一直是以教师为中心的，这种教学模式与高素质的教师相结合，在特定的历史时期发挥了很好的作用，培养了大批的外语人才。但随着社会的发展、学校教育配套设施的完善和学生能力等各种条件的变化，特别是学生人数的增加，让传统教学模式受到了极大的挑战，而与社会发展相适应的基于互联网技术的教学模式则逐渐成为英语教学更为恰当的模式，并且逐渐受到教师与学生的好评。网络工具庞大的信息资源和可接近性使信息流更直接地指向学生，这就使以教师为中心的知识传授教学转向以学生为中心的综合应用能力教学模式成为互联网技术飞速发展的必然结果。

第一节 高校英语教学的基本要素

在现代互联网技术条件下，现代教学媒体的作用越来越显著，极大地冲击着传统的教学系统。虽然现代教学系统仍由教师、学生、教学内容、教学媒体四个基本要素构成，但这四个要素在现代教学系统中的作用发生了根本的变化，而且这四个要素也不是简单地、孤立地拼凑在一起，而是彼此相互联系、相互作用而形成的有机整体。现代教学媒体的强势发展和影响从本质上改变了传统教学系统四要素及其之间的关系，极大地提高了系统内部各要素之间信息传递和转化的效率。

一、高校英语学习者

与其他课程教学一样，高校英语课程教学的出发点和落脚点都应该是学生。研究高校英语教育教学先要研究高校英语学习者。近年来，随着高校新生英语水平的不断提高，学生对自己的英语综合能力提高的目标和要求也不断提高。现在的高校新生都是在基础教育实施"新课标"后开始学习英语的，他们在学习目标定位、学习理念、学习动机、学习方法、学习条件等方面都有明确的特点。

学生学习高校英语的目的很明确，那就是要通过高校英语学习，提高自己的英语综合应用能力，特别是听、说能力，从而在今后的学习、工作和社会交往中能够用英语有效地进行交际。同时，在经济全球化、文化多元化、交流信息化的时代背景下，学生也急需提升自身的综合文化素养特别是跨文化素养。

通过基于"新课标"的基础教育，这些高校新生在学习理念、学习动机、学习方法等方面具有非常显著的特点。他们把英语学习与今后升学、就业和终身学习紧密结合，力求把自己培养成具备基本英语素养和跨文化素养的 21 世纪公民；他们能够根据自身认知特点和学习发展的需要，着重提高用英语获取信息、处理信息、分析和解决问题的能力以及用英语进行思维和表达的能力，增进跨文化理解和跨文化交际的意识和能力；他们能够根据自身发展需要选择个性化的学习方法、学习策略，最大限度地发展个人潜能；他们注重通过英语学习策略训练，不断优化学习方式，提高自主学习的能力；他们受建构主义学习理论的影响较深，能够把学习作为自己主动建构知识和意义的过程。

现在的高校新生基本都是 2000 年以后出生的，也就是说，他们都是随着互联网的快速发展而成长起来的新一代，是典型的数字原住民（digital natives）。随着网络信息技术的迅猛发展，强调依靠信息技术进行意义建构与知识创新的建构主义学习观盛行。对现在的高校新生来说，学习是一个积极且有意义的知识建构和真实的体验；学习是他们讨论、合作、协调和知识共享的完整的过程，而不是孤立的技能训练。

在高校英语课程教学中，小班授课越来越普及，多数学校通常都以专业自然班作为授课班级，一般情况下，每个自然班学生人数在 30 ~ 40 人。学生课外英语学习方式丰富多样，学生在图书馆、宿舍、网络自主学习中心等场所，采用各种媒体途径，根据兴趣开展在线多模态阅读（包括视读、听读），免费下载自己爱好的各种英语歌曲、演讲、Ted 教育视频等，课外随时随地用手机、iPad 等播放，他们也会在线发布一些评论，通过 QQ、E-mail、微博、微信等社会化协作软件，与外界保持联系和互动，而且这种互动一般是阅读和写作交织在一起，语言输入和语言输出相得益彰。高校外语文化氛围普遍比较浓厚，学生不仅可以通过在线观看英语影片等途径欣赏外语文化，还可以通过参加英语角、外语文化月等各种外语活动，提高语言应用能力。

二、高校英语教师

教学活动离不开学生、教师两个主体。学生是"学"的主体，在以学习者为中心的教育理念下，充分发挥学生中心地位意义重大。但作为"教"的主体，教师在教育教学过程中则起着主导性作用，高校英语师资队伍建设对于深化高校英语教育教学改革至关重要。

近年来，高校英语师资队伍不断壮大，师资在学历层次、专业水平等方面都有较大幅的提升。高校英语教师队伍中，随着 20 世纪 50 年代出生的教师陆续退休，现职教师大多都是硕士以上学历，有国外留学或工作经历的教师也占有一定的比例，外籍教师也成为高校英语师资队伍中不可或缺的组成力量，在中外合作办学项目和某些民办特色学校，外籍教师甚至成了高校英语师资队伍中的主力军。

在高校英语教材不断更新、升级的市场机制推动下，基于新教材的高校英语教师培训使高校英语教师在教学理念、教学方法等方面与时俱进、不断发展。广大教师注重学生英语综合能力培养，在以教师为主导的同时，普遍关注、探索以学生为中心的教学法，取得了显著的成果。在高校本科教学质量评估的政策推动下，高校英语教学条件建设发展迅速，多媒体课室和高校英语网络自主学习中心得到普及，为高校英语教师探索基于计算机和课堂的教学模式、改善教学效果奠定了坚实的基础。

为了确保高校英语教师队伍健康发展，各高校英语教学部门完善制度，改进工作机制，通过教改、教研、教师专业发展一体化的团队建设，加强观摩教学、师资培训与学术交流，推动学习型师资团队建设，提升高校英语教学团队整体理论水平。现在的高校英语教师发展不仅是"站好讲台"，他们还积极投身教改、教研，发表学术论文，编写、出版校本特色英语教材。

当然，随着高校英语课程体系改革的不断深入，高校英语师资队伍建设也出现了一系列难题，面临着来自各方面的挑战。例如，随着我国高校英语教学改革正处于一个从 EGP 到 ESP 的转型时期，急需具有 ESP 背景的"双师型"教师队伍。高校英语教师面临着职业转型的挑战，不仅要讲授传统的语言技能，还要根据学生的专业学习和就业需求，给学生开设各类学术英语（English for academic purpose，EAP）或职场英语（English for occupational purposes，EOP）。但高校缺乏行之有效的 ESP 师资队伍建设规划或举措，大多数英语教师对专门用途英语有畏难情绪、不愿转型，而且由于"双师型"师资在学科专业归属、职称晋升等方面缺乏政策引导、鼓励和支持，合格的 ESP 师资严重匮乏。

高校英语"教"的主体无疑就是高校英语教师。但在我国，高校英语课程建设是一个系统工程，其主体不能局限于传统意义上的教师，还离不开教学管理者的参与。也就是说，高校英语教学具有教师、学生、管理者"三个主体"，而且，在我国高等教育体制下，管理者这个主体的作用不可低估，有时候甚至起到决定性作用，深化高校英语教学改革离不开管理者的重视和参与。我国高校英语教学改革管理者主体是一个广义的概念，既包括高等教育各级各类行政主管（如教育部、省市教育厅的相关主管，以及学校分管领导、教务处领导等），也包括高校英语教学部门主管，甚至还可能包括教育部、各省（市）高校英语教学指导委员会等学术机构。这些管理者主体是高校英语教学改革的决策者、组织者、管理者，他们对高校英语课程建设的理解、支持和付出，是高校英语教学改革的决定性因素之一。以学校教学管理职能部门教务处为例，高校英语课程教学管理与改革的方方面面都离不开教务处的关心和支持，如本科人才培养方案中对高校英语课程性质的定位、学分学时分配、教学资源配置、教学改革立项、学生分级分班、课程排课、教学场所安排、学生竞赛资助、教学奖励等。其实，除了上述主体，高校英语教学改革的顺利开展，也离不开学校各专业学院、学生处和团委等职能部门主管领导的关心与支持。为了充分调动各方积极性，高校英语教学部门（高校外语部或外国语学院）必须加强与学校有关领导和职能部门的交流互动，保障高校英语教育教学改革的顺利实施。

三、高校英语教学内容

随着政策的变化，高校英语教材建设不断升级，优质教材不断涌现，教材建设不仅在教材形式的开发、教学内容的编写、教学理念的普及和任课教师的培训等方面都发挥了积极的作用。高校英语课程的教学内容主要包括英语语言知识、听说读写译的技能以及英语文化知识和跨文化交际技能。随着基于计算机和课堂的高校英语教学模式的普及，高校英语教学内容在教材载体上不断更新升级，除传统的纸质教材外，学生还可以在学校网络自主学习中心学习，也可以使用手机、iPad 等新媒介自主学习，充分利用国内外优质的开放教学资源。多元化的教学资源突破了传统纸质教材的局限性，立体化、数字化（如网络在线学习系统等）的教材体系为高校英语教学提供了题材广泛、形式多样的教学材料，很好地满足了新媒介时代学生的个性化学习需求。同时，除了选用高水平优质教材，各校纷纷开发校本特色教材，建设数字化校本教学资源，以满足学生个性化学习中对真实性语言教学材料和学习环境的需求，以及学生对多模态教学的需要和日益增长的跨文化交流需要。

高校英语教学内容与时俱进，除了传统的读写能力，文化素养也成为高校英语教学中不可或缺的内容。新媒介时代，即便是读写能力，在内涵上，也发生了巨大的变化。现在的读写能力不仅是使用正确，还指能够更加充分和全面地交流和表达意义，体现了对交流更加广义的理解以及更加积极的学习方法。以写作学习为例，过去的学生写作练习是要一笔一画写在本子上，如果写错要改动很不方便，现在则大不相同，学生不仅可以反复而又很容易地对文本进行修改，还可以利用 Word 等文字处理系统的拼错、语法识别提示和自动修改功能协助书写。过去，优秀的英语学习者在课外也有坚持用英语写日记或者周记的好习惯，而现在的泛在式学习使学生可以通过手机短信、E-mail 或 QQ、微博、微信等社交软件随时随地写作、交流互动。另外，现在的写作也更加口语化、非正式化，经常使用缩写、情绪符等，也就是说，数字化、可视化极大地丰富了文字表达的形式和内涵，集成性视听文本（如微信）在青年学生中广为流行。现在的书面课文通常都配有数字化的在线多模态文本，除了与纸质课文相配套的在线文字形式，经常还有音频、视频等辅助学习媒介。

在基于计算机和课堂的高校英语教学模式普及过程中，教材的观念逐步为教学资源所替代。教学资源建设成为新媒介时代高校英语课程建设的核心内容之一，它不仅决定着课程的教学内容，也是高校英语教学工作者教学观念的重要反映。"一本书，一个讲台"，这种以教师"讲"为主的传统教学模式已经成为历史。由于信息时代知识的公开性、共享性，作为知识传播的主体，教师的权威性受到挑战。时代呼唤能够顺应信息化发展的新型教师。

四、高校英语教学媒体

随着新媒体的迅猛发展，在现代教学系统四要素中，教学媒体要素越来越重要，极大地影响着其他三个要素。近年来，高校英语课堂教学条件和学生自主学习条件都发生了巨大的变化。多媒体教室、网络教室得到普及，基于计算机和课堂的教学模式成为高校英语教学模式的主流，以富媒体为特征的高校英语教学资源有力地支持、促进了学生的个性化学习和交流。

在课堂教学中，教育者可以利用各种教学工具，如图片、视频、音乐等，激起学生学习的兴趣，引导学生进入多模态学习环境，进而达到很好的教学效果。教师可以将课内教材与课外读物相结合，鼓励学生拓展课外学习，利用网上资源及图书馆图书等进行多方位学习，进一步巩固知识。泛在式、非正式学习成为学生课外学习主体。学生采用各种媒体途径，如手机、个人计算机、iPad、课本、校园网、校园广播、网络自主学习中心，根据个人兴趣和学习发展需要，进行多媒体、多模态学习，课外随时随地用手机、iPad、MP4 等播放学习，或通过 QQ、微博等社交软件与外界保持联系和互动。一系列实验研究表明，文字、声音和图像这三种方式相结合的多模态学习方法有利于提高学生的学习效率；同时，借助多媒体进行教学，对学生的英语学习有更大帮助，因为图像与声音比文字更形象、生动，多模态学习，即运用视觉、听觉和言语等多种模式同时进行学习，有利于减轻学生的认知负荷，增强学习的持久性，有利于改进学习效果。

近年来，各校纷纷改善高校英语教学条件，不仅普及了多媒体课堂教学，而且都在加强高校英语网络自主学习中心建设。以中原工学院为例，近五年共改建、新建了8 个网络自主学习室（近千个学生学习终端），可以满足全校学生每周 2 个学时的课外自主学习的需要。在改善网络教学条件的同时，学校还专门设立了计算机辅助语言教学部，积极探索基于计算机网络的英语教学改革，开展基于网络的高校英语听说、写作实训课程的教学实验，保障高校英语网络自主学习，建设具有校本课程特色的高校英语课程资源。立体化、多元化的教学资源拓展了学习者意义表达和建构方式，促进了教学内容的多元化，不仅保障了新媒介条件下多媒体、多模态课堂教学，促进了学生真实的、有意义的英语学习，满足了交互式英语教学的需求，还极大地丰富了高校英语课程文化及校园文化。探索如何通过教学媒体不断优化教学系统，已经成为高校英语教育教学改革的一个核心主题。

第二节　高校英语教学的基本原则

一、交际性原则

语言是交际的工具，人们主要通过语言来交流思想、传递信息。交际是在特定语境中说话者和听话者、作者和读者之间的意义转换。由此定义我们可以得出以下三点启示：①交际包括口语和书面语两种交际形式；②交际总是发生在一定的语境之中；③交际需要两个以上的人参与并产生互动。

学习英语的首要目的是使用英语进行交际，而英语教学的首要目标就在于培养学生的交际能力。交际能力的核心就是能够运用所学的语言知识在不同的场合下与不同的对象进行有效得体的交际。因此，我们在英语教学中首先要贯彻交际性的原则，使学生能用所学的英语与人交流，要在教学过程中努力做到以下几点。

（一）充分认识英语课程的性质

英语课首先是一种技能培养型的课程，要把语言作为一种交际的工具来教、来学、来使用，而不是把教会学生一套语法规则和零碎的词语用法作为语言教学的最终目标，要使学生能用所学的语言与人交流，获取信息。在教学过程中，教、学、用三个方面构成一个有机的相辅相成的统一体，其中的核心在于使用。因此，教师转变以往陈旧的教学观念，认清课程的性质，是落实交际性原则首先需要解决的问题。

（二）创设情境，开展多种形式的丰富多彩的交际活动

语言是交际的工具，而交际的发生总是处于特定的情境之中。情境包括时间、地点、参与者、交际方式、谈论的题目等要素。在某一特定的情境中，讲话者所处的时间、地点以及本人的身份都制约他说话的内容、语气等。因此，在基础英语教学中，要使教学的内容置于一种有意义的情境之中。而且，在一定的情境之下学习英语，可以使学生身临其境，提高学习英语的兴趣。因此，英语教学活动要充分考虑交际性的特点，结合教材的内容，尽量利用各种教具，创设与学生生活密切相关的各种情境，进行真实、逼真的英语交际训练活动，这样不仅使学生学有兴趣、学有成效，而且能够做到学用结合。

（三）注意培养学生语言使用的得体性

英语教学的首要目标在于培养学生进行有效交际的能力，传统的英语教学只偏重语法结构的正确性，而根据交际性原则，学生要具备良好的交际能力，需要能够在适当的时间、地点，以适当的方式，向适当的人，讲适当的话。这一点与上面一点密切相关，创设情境，开展多样的交际活动，课堂游戏、讲故事、猜谜语、编对话、角色扮演、话剧表演、专题讨论或者辩论等，都有助于学生在创设的情境中充分表现自己，从而更好地掌握英语。

（四）精讲多练

英语课堂的工作不外乎"讲"和"练"两种，前者是指讲授语言知识，后者是进行语言训练。在课堂上，适当地讲授一些语言知识是必要的，可以提高学习的效果。就如同学习游泳一样，在下水之前，教练讲解一些注意事项、游泳的动作要领，有助于提高学生在水里训练的效果。但是，英语首先是一种技能，技能只有通过实际训练才能获得。因此，教师必须清楚，讲解的目的在于帮助学生更好的训练。在语言训练的过程中要针对学生的具体问题给予"画龙点睛"式的点拨。这不仅有利于学生语言交际能力的培养，还有助于学生养成良好的学习与思维习惯。在进行了必要的讲解之后，要给学生留出足够的训练时间。

（五）注重教学内容与教学活动的真实性，贴近学生的生活

语言与现实生活密切相关，教学活动的设计与教学内容的选择一定要考虑这一因素。在英语教学中，要把语言和学生所关心的话题结合起来，要给学生足够的、内容丰富的、题材广泛的、贴近学生生活的信息材料。另外，教学内容的真实性还要求教材的语言和教师的语言是真实的，就是说教材的语言和教师的语言应该是英语本族人在交际过程中所使用的语言，而不是专为教学而编写出来的。

二、兴趣性原则

我国古代教育家孔子把学习分为三个不同的层次：知学、好学和乐学，并认为"知之者不如好知者，好知者不如乐知者"。兴趣是最好的老师，是推动学生学习英语的最强有力的动力。学习兴趣是学生积极探求事物并带有感情色彩的认知倾向。它可以使学生在学习活动中变得积极主动，从而获得更好的学习效果。周娟芬指出，学习兴趣有定向功能、动力功能、支持功能和偏倾功能：①定向功能。学习兴趣作为影响学习过程的一种非智力因素，其作用是最为明显，也是最为持久的，它往往决定着学生的进取方向，为学生一生的事业奠定基础；②动力功能。学习兴趣与人的情感活动密切相关，可以直接转化为学习的动力。当学生对英语学习具有浓厚的兴趣时，学习就不再是一种负担，而是一种乐趣；③支持功能。英语学习是一个漫长而又复杂的学

习过程，伴随着许多的困难与挫折，学习兴趣在于克服困难、战胜挫折、保持旺盛的精力，对学习起着支持的作用；④偏倾功能。人们往往从自己的兴趣出发去审视事物。表现在英语学习上就是每个学生的兴趣不同，他学习的侧重点也就有所不同。有的学生对记忆单词特别感兴趣，有的学生特别喜欢阅读英语文章，还有一些学生特别喜欢用英语写点东西。对于这些侧重点的差异，教师需要因势利导，在学生原有侧重点的基础上，将其引导到全面正确的轨道上来。

为了激发和培养学生学习英语的兴趣，我们应该做到以下几点：

（1）充分了解学生的生理与心理特点，尊重学生的主体性。学生是学习的主体，是整个学习过程的核心承载者。基础英语教学要从学生的心理和生理特点出发，改变传统的学习方式，让学生通过体验和实践进行学习。传统的语言学习方式强调学生在初级阶段要学好音标，学好语法，记忆一定量的词汇。英语课程必须从学生的心理和生理特点出发，遵循语言学习规律，从改变学生的学习方式入手，通过听做、说唱、玩演、读写和视听等多种活动方式，达到培养兴趣、形成语感和提高交流能力的目的，尤其是在学习的初级阶段更要如此。

（2）防止过于强调死记硬背、机械操练的教学倾向。英语学习需要一定死记硬背和机械操练的活动。过多的机械性操练很容易导致课堂教学的死板与乏味，容易使学生失去或者降低学习英语的兴趣。为此，应该重视科学地设计教学过程，努力创设知识内容、技能实践和学习策略，以营造启动学生思维的教学环境，帮助学生通过各种渠道获取知识，加速知识的内化过程，使他们能够在听、说、读写等语言交际实践中灵活运用语言知识，变语言知识为英语交际的工具。这样，学生在获得交际能力的同时，综合素质也会得到相应的提高，学生的学习兴趣才会得到巩固与加强。

（3）挖掘教材，激情引趣。教材是英语教学的核心，教师要想最大限度地调动学生的积极性，就要在备课时认真研究教材，挖掘教材中的兴趣点，使每节课都有新鲜感，都有让学生感兴趣的内容和活动。

（4）善于发现学生的进步，多鼓励表扬，培养学生的自信心和成就感。对于学生来说，学习兴趣的保持在很大程度上取决于学习的效果，取决于他们能否获得成就感。因此，教师要通过多种激励的方式，如奖品激励、任务激励、荣誉激励、信任激励和情感激励等，激发学生积极参与、大胆实践。

（5）注意发现和收集学生感兴趣的问题，把这些问题作为设计教学活动的素材。例如，在教数字时，有一个教师请学生收集自己家里所有的数字，学生除收集家里的电话号码、邮编、自行车牌照、汽车牌照等之外，还收集了全家人穿的鞋子的尺码、衣服的尺码、父母的身高、家里的藏书数目、自己的零用钱等。这样，一节枯燥的数字课上得热闹非凡，笑声不断。

（6）增强教师与学生之间的交流。一个班级的学生来自不同的家庭与环境，教师要平等地对待每个学生，对学生充满爱心，通过各种形式与学生进行交流，真心地与学生交朋友，用自己对工作、学生的热爱去影响学生，而且教师要活泼，富有幽默感，懂得尊重学生，了解学生的喜好。实践表明，一个学生对某一门课程的喜欢与否，往往取决于他对该授课教师的态度。另外，教师还要寓思想教育于教学之中，结合英语教学培养学生的道德情感和对英语学习的热情，创造和谐、宽松的课堂气氛，保护学生的自尊心。好的情绪转到学习中就会变为一种兴趣和动力。教师在严格要求学生的同时，还要给学生创造和谐的学习氛围，通过一个眼神、一个手势、一个微笑或一句赞许的话去影响学生。

（7）改变传统的英语测试方式。应试教育是学习兴趣的最大杀手。基础英语课程的评价应以形成性评价为主，采用学生平时教学活动中常见的方式进行，重视学生的态度、参与的积极性、努力的程度、交流的能力以及合作的精神等。评价可采用等级制或达标方法记成绩，不应对学生按成绩排队或以此作为各种评比或选拔的依据。

三、灵活性原则

灵活是兴趣之源，灵活性原则是兴趣性原则的有力保障。语言是生活的一个必要组成部分，是一个充满活力、不断发展的开放性系统。语言本身的性质以及学生的自身特点要求我们在英语教学中要遵循灵活性的原则，要在教学方法、语言学习和语言使用方面做到灵活多样，富有情趣。

（一）教学方法的灵活性

在英语教学史上曾经出现了许多种不同的教学方法和流派，如语法翻译教学法、视听教学法、交际教学法等，每种方法都有其自身的优势与不足，教师应该兼收并蓄、集各家所长，切忌拘泥于某一种所谓的流行教学方法。英语教学包括语言知识和语言技能两个方面：语言知识包括语音、词汇、语法等内容，不同的语音、不同的词汇、不同的语法项目都具有不同的特点；语言技能包括听说读写四个方面，其中又包括许多微技能。而学习者的个体差异也是千差万别的。因此，在英语教学过程中要综合学生、教学内容以及教师自身的特点，创造性地开展多种多样的教学活动，充分体现教学方法的多样性和创新性，使英语课堂新鲜有趣，从而激发学生学习英语的热情，挖掘学生的潜能。教学的内容也要体现多样性的原则，不光要教英语，还要教学习方法，结合英语教学来教学生。

（二）语言学习的灵活性

教学方法和教学内容的灵活性可以有效地带动英语学习的灵活性。要努力改变以往单纯地死记硬背的机械性学习方法，帮助学生探索合乎英语语言学习规律和符合学生生理、心理特点的自主性学习模式，使学生能够自我导向、自我激励、自我监控，使静态与动态结合，基本功操练与自由练习结合，单项和综合练习结合。通过大量的实践，使学生具有良好的语音、语调、书写和拼读的基础，并能用英语表情达意，开展简单的交流活动，开发听说读写综合运用语言的能力。

（三）语言使用的灵活性

英语学习的关键在于使用，教师要通过自身灵活地使用英语来带动和影响学生使用英语。教师应尽可能多地用英语组织教学、用英语讲解、用英语提问、用英语布置作业等，使学生感到他们所学的英语是活的语言。英语教学的过程不应只是学生听讲和做笔记的过程，而应是学生积极参与，运用英语来实现目标、达成愿望、体验成功、感受快乐的有意义交际活动的过程。另外，教师还可以通过灵活性的作业使学生灵活地使用英语，作业的布置应侧重实践能力，如可以让学生录制口头作业，让学生轮流运用英语进行值日报告，陈述和评议时事、新闻等。

四、宽严结合的原则

所谓的"宽"与"严"是指如何对待学生在学习过程中所出现的语言错误，也就是如何处理准确和流利之间的关系。英语学习是一个漫长的内化过程，学生从开始只懂母语，一直到最后掌握一种新的语言系统，需要经过许多不同的阶段，从中介语的观点来看，在各个阶段，学生所使用的语言是一种过渡性语言，它既不是母语的翻译，也不是将来要学好的目标语。这种过渡语言免不了会有很多的错误。传统的分类方法将错误分为语法、词汇和语言错误。语法错误又被进一步分为冠词、时态、语态错误等。这种分类方法，主要基于语言形式，而忽视了语言的交际使用。对于各种错误的分析，是第二语言习得研究的重要课题，因为通过对于这些错误的分析，可以发现学生的学习策略，其实这些策略也正是学生产生这些错误的原因。第一个原因就是迁移。需要说明的是，许多人都想当然地认为迁移是英语学习者产生错误的主要原因，但是许多研究表明，由母语干扰所造成的错误在所有错误中所占的比例并不高。第二个原因是过度概括。学习者根据他所学的语言结构作出概括，然后去创造一些错误的结构。

对待错误有两种极端的做法是不可取的。一种是把语言错误看得非常严重，"有错必纠"。这些人的理由是学生正处在英语学习的初期，一定要学到正确的东西；如果对学生的语言错误听之任之，一旦养成习惯就很难改过来了。结果在学生讲英语时，教师往往会抓住学生的错误不放。这样很容易挫伤学生学习英语的积极性，他们十分害怕犯错误，久而久之就不敢开口讲话了。另一种是对学生的语言错误视而不见。这些人的理由是熟能生巧，只要多说就能慢慢自我克服这些错误。这类教师强调的是学生语言的流利程度，结果导致学生毫不注意语言的准确性。

　　语言错误是学习英语过程中的必经阶段。出错—无意识错误—出错—意识错误—出错—自我纠正错误，对每个英语学习者来说是必经之路，没有这个过程就不可能达到流利的程度。因此，要鼓励学生不怕出错，而且要耐心地倾听学生"支离破碎"的英语，并给予纠正指导。一方面，教师要坚持用正确的语言熏陶学生；另一方面，当学生的语言错误影响到信息的传递时，要在鼓励的前提下进行必要的纠正，从而保证以后学生使用英语的准确性。也就是说，在英语教学中，教师应该采取宽严结合的方法：当以交流为目的时，对学生的语言错误采取宽容的态度；当以语法学习为目的时，则采取严格的态度。这样的宽严结合，既保证了学生具有扎实的语言基础，又有利于鼓励学生大胆使用英语。

　　宽严结合的原则实际上就是要正确处理准确和流利之间的关系。"没有准确，流利就失去了基础"这句话是对的，但是这种说法只是强调了准确的重要性，正确的态度应该是"既要强调准确性，又要重视流利程度"。我们可以区分两种情况：对于初学者，不要过分纠正其语言中的错误，而要更多地鼓励他们使用英语进行交际；对于中等以上的学习者，可以适当地纠正其语言中的偏差，但是要以不打击他们的学习积极性为前提。换句话说，越到高年级，越要强调准确性。此外，在写作文或在课堂上演讲时，则应该强调准确性。

五、输入输出原则

　　"输入"是指学生通过听和读接触英语语言材料，"输出"是指学生通过说和写来进行表达。心理语言学研究表明，输出建立在输入的基础之上；在此意义上，输入是第一性的，输出是第二性的。在人们学习英语的过程中，能理解的总是比能表达的要多。换而言之，人们所能听懂的，永远比能说的要多；而所能读懂的，又比所能写得多。我们能欣赏小说、散文和诗歌等优秀的文学作品，但我们自己并不一定能写出来。另外，语言输入量越大，语言输出的能力就越强。也就是说，我们听的东西越多，我们读的东西就越多，我们的表达能力也会越强。有效的语言输入应具备以下三个方面的特点：第一个特点是可理解性。如果学生不能理解所输入的语言，那么这些输入无异于噪声，是不能被接受的。第二个特点是趣味性或恰当性。所输入的语言材料还要使学习者感兴趣。要使学生对语言输入感兴趣，最好是使他们意识不到自己是在学外语，而是把其注意力放在意义上。第三个特点是足够的输入量。目前的英语教学严重地低估了语言输入量的重要性。要习得一个新句型单靠做几个练习甚至读几段语言材料是远远不够的，还需要数小时的泛读以及许多的讨论才能完成。教师在教学过程中应该注意以下几点。

（一）尽可能多地让学生接触英语

要通过视、听、读等手段，多给学生可理解的语言输入，如声像材料的示范、贴近学生日常生活和学习、适合学生英语水平、具有时代特色的读物等。另外，学生学习的内容不要局限在课本上，教师应该打破课内外的界限，帮助学生扩大语言接触面。

（二）输入内容和输入形式的多样化

学生接触的英语既要有声的，又要有图像的，还要有文字的，而且语言的题材和体裁以及内容要广泛，来源多样化。例如，如在日常生活中，尤其是在大中城市中，每天都会接触许多英语，如文具、衣服、道路标志、电器等上面就有许多英语。如果我们能利用这些，学生们就能轻轻松松地学到英语知识。另外，我们还要注意根据上述语言输入的分类，尽可能地为学生提供多种形式的输入。

（三）建立教学学段目标

《义务教育英语课程标准（2022 年版）》指出"学段目标是对本学段结束时学生学习本课程应达到的学业成就的预设或期待，是总目标在各学段的具体化。义务教育英语课程分为三个学段，各学段目标设有相应的级别，即一级建议为 3 ～ 4 年级学段应达到的目标，二级建议为 5 ～ 6 年级学段应达到的目标，三级建议为 7 ～ 9 年级学段应达到的目标。各学段目标之间具有连续性、顺序性和进阶性"。

（四）强调学生的理解能力

只要学生能理解的，就可以让他们听，让他们读。而且，还可以只要求学生理解，而不必立刻要求他们用说或写的方式来表达。从教学目标而言，对语言技能应该有全面的要求，但是从教学的方法来看，应该先输入，后输出。

（五）提供的语言材料的要求

为学生提供的语言材料要符合学生的实际情况，要符合可理解性和趣味性与恰当性的要求。当然，仅仅依靠语言的输入是不可能掌握英语，形成综合运用英语的能力的，还需要通过口头和笔头的表达来检验和促进语言的输入。在增加可理解的语言输入的同时，在理解的基础上不断进行有效的实践活动。这些实践活动在基础英语教学中包括一定的模仿练习。学习语言的确需要模仿，问题的关键在于如何模仿和模仿什么。如果只是机械地模仿，只注意语言的形式，那并不能保证学习者能在生活中真正地使用语言。例如，只是要求学生注意语音、语调的准确，只要求死记硬背句型结构，而没有让学生真正了解这些句型结构所表达的含义，学生并不能在课外使用。模仿最好是模拟生活中的真实情境，注意语言结构所表达的内容，这种模仿才是有效的。尤其是在结对练习、小组练习的时候，让他们根据实际的情况使用所学习的语言，学生才能把声音和语言的意义结合起来。英语教学研究人员还提出，不仅要有"可理解的输入"，还要有"可理解的输出"。

六、以学生为中心原则

学生是一切教学活动的中心，因此在高校英语教学改革中，要始终坚持以学生为中心的原则。美国教育学家杜威（Dewey）在阐释"儿童中心论"时首次提出了以学生为中心的理论。他认为，自由是人类的天性，在教育中尊重这种天性，有利于儿童的成长和发展。"儿童中心论"体现了一种学生是主体的思想，要求教学活动要遵循自然规律。换言之，教师要始终围绕着学生展开教学活动，根据学生的需求进行教学。只有充分掌握了学生的心理和需要，才能有的放矢地进行教学设计，调整教学策略，这样才能更好地适应学生的需要，使学生的主体作用得以充分发挥。在这个过程中，教师把控过程并提供自己的经验，培养学生的自主学习能力，让其摆脱以往被动接受的状态。为了达到这个目的，教师可以采取以下措施。

（1）从教学方案上看，教师要根据学生的实际水平来制定，力求教学方案能与学生的语言接受和运用能力相匹配。

（2）从教材内容上看，教师要结合学生自身的特点和需求进行选取，并在教学过程中进行动态调整。

（3）从备课上看，教师必须给予高度重视，精心备课，设计合理、有效的教学流程，并在实践中不断进行优化，这样才能很好地处理一些突发状况，使课堂教学能够顺利进行。

（4）从教学方法上看，教师可以从学生的实际需求出发，寻求合适的教学方法，以此来激发学生的学习兴趣，调动学生的学习积极性。

（5）从教学过程中的引导看，教师必须重视自身的引导作用，当学生在学习过程中遇到难题的时候及时提供指导和帮助，在其取得进步的时候给予肯定，这样有利于学生在学习中维持一种良好的情绪。

七、循序渐进原则

事物的发展都需要一个循序渐进的过程，英语教学也不例外。学生在学习英语时必经的过程为：从简单到复杂，从容易到困难，从表面理解到内部消化。只有经历了这样一个过程，学生才能掌握所学的知识，并且能够灵活运用所学知识。因此，英语教学必须按照循序渐进的原则来开展，具体的过程如下。

（一）口语向书面语过渡

在语言的学习过程中，学生一般从口语的学习开始，经过一段时间之后再学习书面语。这种规律源于语言的发展史，因为人类在历史中先学会了说话，然后才会写字，口语的出现远远早于文字。英语学习中也有口语和书面语，由上述可知，先是口语的学习，然后是书面语的学习。因此，学生在学习英语的过程中，应该遵循从听说（口语）到读写（书面语）的过程。另外，相较于书面语，口语涉及的词汇简单易懂且更趋于生活化，句式也较为简单，学生在学习过程中会感到比较容易。这样，学生可以通过口语学习来提升对日常用语的运用能力，使交际能力得到一定程度的提升。

（二）听说技能向读写技能过渡

在学习技能方面，主要涉及听、说、读、写。教师在对学生这四个方面的能力进行培养时，要从听、说技能开始培养，然后是读、写技能。之所以要确定这样一个顺序，是因为学生在具备一定的听、说技能之后，能够掌握正确的发音以及基本的词汇和句式，这有助于读、写技能的培养。所以，在学生进行英语学习的初级阶段，教师要按照这种循序渐进的方式进行教学。

（三）各种能力不断强化

英语能力的提高并不是一蹴而就的，它具有螺旋式发展的特征，往往需要经过多次训练才能提高。教师在教学过程中要从学生熟悉的知识和技能入手，逐步进行新知识的传授，达到以旧带新的效果。

八、系统原则

在英语教学改革中，还应该遵守系统原则。坚持系统原则，对学生有以下帮助。首先，能让学生对要学习的内容有相对系统和完整的印象；其次，能帮助学生有效串联新旧知识；最后，有助于学生对已学内容的记忆和消化。

坚持系统性原则，教师应做到以下几点。

（一）要系统地安排教学工作

对于教学工作，教师应有一定的安排和计划。在备课方面，要对教学的时间进行全面、合理的安排；在对内容的讲解上，要由浅入深，做到层次分明、重点突出，最重要的是前后连贯；在教学顺序上，要从简单到复杂，符合学生对语言的掌握过程；在课堂练习方面，要按照先训练练习、后检查练习的顺序，还要注重练习的体系性；在作业的布置上，要紧密结合课堂上教授的内容，明确作业布置下去后需要达到的目的；最后是关于对学生的考查问题，教学的目的是让学生掌握一定的知识和技能，为了解学生的掌握情况，教师要记录学生在平时课堂中的表现，这既有利于学生的进步，也能帮助教师了解自身的教学效果，这些也可以作为教师对学生平时成绩评定的依据。

（二）要系统地安排教学内容

在英语教学活动中，教师要有计划地安排教学内容，明确教学的顺序。可以根据教材的编写特点以及所带班级的具体情况，合理安排教学内容。对于某个问题的讲述，不能急于求成，硬行灌输，要善于循序渐进，分步讲解。

（三）要系统地安排学生的学习

学生的学习离不开教师的指导，教师要使学生养成一种好的学习习惯，做到持之以恒，防止学生出现三天打鱼，两天晒网的不良学习状态。引导学生正确地看待平时学习与考试复习之间的关系，注重平时的学习和训练，减少"平时不努力，临时抱佛脚"的情况发生。另外，教师要根据学生的特点做到因材施教，做好对学生学习方法的引导。

第三节　高校英语教学的基本目标

一、帮助学生理解英语

"教师帮助学生理解英语"这个过程仍然是一个使能过程，但不是使学生掌握技能和学习本领，像开车或修理机器一样，而是使学生动脑筋，学习语言知识。学生的学习过程不是一个行为过程，而是一个心理过程，教学的中心仍然是学生。在这个过程中，学生是中心，是关键的参与者，而教师只是帮助者和使能者。教师的任务是提供学生所需要的一定量的知识。这里需要考虑的是"知识"一词。在此，"知识"纯粹是有关语言的特点和运用的知识。它既表示学习英语意味着学会有关语言的知识，也表示学会说这种语言。这两种解释实际上代表了两种不同的教学模式。从第一种教学模式的角度讲，学习知识可以只让学生理解和记忆即可，而不必要让学生进行实际的操练和实践，其重点是心理活动。从第二种教学模式的角度讲，学生不仅要理解和记忆所学的知识，还要学会实际的语言运用技能，学会把所学的知识运用到实际语言交际中去。同时，还要学会在一定的文化语境中，即在目标语文化中，从事所要进行的交际活动和学会语言要完成的交际功能，以及所要运用的语言知识。这样，教学的目标可以有两种：使学生学会有关语言的知识和使学生会讲这种语言。

二、帮助学生学会英语

"教师帮助学生学会英语"，在这一教学过程中，学生学习英语，教师帮助他们达到目的。学生是行为者，是教学的中心。教师是使能者，可以采用各种各样的手段来帮助学生学习英语。例如，可使用各种各样的现代化技术和设备来帮助学生学习。这种教学模式距离我们现代教师对教学的认知十分接近。教师首先考虑的是学生，而他们自己的角色就是指导和帮助学生。但现在我们没有考虑学生的任务是什么性质的，是什么样子的，只是想当然地认为学生如何学习。也就是说，对教学目标没有很好地进行限定。从教学方法和程序上讲,教师把教学的主体变成学生,教师的角色只是帮助学生达到学习目的,应该说这是一个很大的进步。但这个过程所提供的是一种方法,并没有提供教什么。我们可以让学生自己学,由被动变主动来考虑学什么和达到什么目标的问题:这个教学过程的目标是使学生学会英语。以上所讲都是物质层面的过程,也就是说,教学过程被看作一种行为和动作,是做事情,是完成任务,等等。

三、给学生传授英语知识

给学生传授英语知识的教学过程在此被视为一个物质交流过程。在这个交流过程中,主要的参与者是给予者和礼物,即教师和他所教授的语言,而学生的存在是偶然的,他只是被给予的对象。从人际交流的角度讲,教师像赠送钢笔等物品一样,把英语"给予"学生。在这种情况下,教师通常要教给学生他们自认为"好"的英语,如"标准英语""文学英语"等。在这种交流过程中,教师处于绝对控制地位,学生则完全处于被控制的地位。所以,学生认为什么是好的英语是无关紧要的,因为他没有发言权。教学的重点是语言,施教者是教师,学生只是受益者,接近情境成分。这似乎是传统英语教学的模式。教学的目标是教给学生自己认为"好的"或者"美的"英语,使学生学会标准的、高雅的英语。从方式上讲,教师在不停地教,而学生则只能不停地接受。教师通常为自己所选择的美的教学材料,或者是美的教学方式所陶醉。教师的快乐在于知道学生懂得了自己在课堂上所教授的内容并且欣赏自己的教学内容和课堂表演。

四、训练学生的英语技能

从人际交流的角度讲,这一教学过程的重点仍然是教师,学生是参与者之一,但只是一个被动角色。学生的参与受到外界因素的影响,受教师行为的支配,他没有学习的主动权。但在这一过程中,教师不再是简单地像给予学生东西一样把语言传授给学生,而是使学生提高技能,达到教师的训练目标。从课堂内容的角度讲,在这一教学过程中,教师通常提供大量的课堂训练和练习。教学目标是让学生掌握运用语言的技能。从教学方式上讲,教师主要给学生大量训练,开展许多活动,学生是这些活动的参与者和训练对象。这种教学模式既相似于传统教学法中教师主导一切的模式,也相似于模式训练法的教学模式,学生只是被训练的对象,自己没有主动权,所以难以发挥学生的主观能动性。这是一种结构主义和行为主义的教学模式。教师的任务不是主要让学生学习语言知识,而是获得语言技能。但这种技能不是实际运用语言的能力,而是一些语言模式,而且这些模式大部分是一些根据结构主义理论提炼出的语言结构模式,而不是根据情境语境中的语境模式提炼出来的语言功能模式。

五、发展学生的意义潜势

"教师使学生成为讲英语的人",在此,教学过程被看作是一个关系过程。教师仍然是一个使学生能够做某个事情(讲英语)的人,但他不仅是使学生能够做某个事情,而且是使学生成为一个能讲目标语的人。语言被视为一个"潜势",称为"意义潜势"。教学目的是使学生掌握这一潜势,使学生会用语言来表达意义。这显然既包括使学生掌握有关语言的知识,也包括使学生掌握语言表达的能力,学会用所学的语言说话。

六、跨文化交流能力的培养

严格地说,目前高校英语教学还没有突破语言知识的掌握和言语技巧的训练的框框,学生所学到的更多的是语言表面的知识。因此,英语教学仅重视言语技能的训练是不够的,还必须注重交际能力的培养。实践证明,言语技能的训练不能自然生成交际能力;交际能力的形成除了语言因素外,还有社会文化能力、语境能力、行为能力等诸多要素。因此,要想培养学生的英语交际能力,除传授语言内容和进行言语技能训练外,还必须努力对学生进行跨文化条件下语言能力、语用能力等的专门培养和训练,以提高学生在特定的社会文化情境中的跨文化交流能力。

培养学生的跨文化交流能力是英语教学的最高目标。英语教学的过程实际上是一种文化适应的过程。一方面,它要求学生把目标语文化也就是英语文化与自身现有知识进行等值条件的转换;另一方面,它又要求无条件地但又积极地理解、吸收与本国文化不同的信息。由于英语与汉语的语法差距,因此,学习英语不可避免地遇到文化差异造成的障碍和困难。为了消除这种障碍,英语教学就必须强化文化教学,即在教学过程中相应地进行英语语言文化教学。从英语教学的角度讲,教授语言知识和培养言语技能是前提、基础,而跨文化交流能力的培养是前者的深化和提高。前者是手段,后者是目标。

第四节　高校英语教学的方法与手段

一、高校英语的教学方法

英语教学法是门研究英语教学论和教学实践、英语教学过程和教学规律的学科。长期以来,英语教学界最为重视的就是英语教学法。因为,在其他条件等同的情况下,不同的教学方法会导致完全不同的教学效果。随着时代的发展,外部整体的学习环境发生了很大变化,教学模式也做出了相应改革,学生可以不再像以前那样完全依赖学校或者教师的授课，英语学习朝着个性化、主动式的方向发展。教学中若没有相应的教学方法，教学内容就不能很好地传授，教学目的就难以达到。自高校英语教学大纲推行以来，我国的高校英语教学取得了很大的进步，主要表现在英语教学改革初见成效、教学设施得以改善、大学生的英语水平逐年提高等方面。在高新技术迅速发展的今天，社会对外语人才的要求越来越高。学生不仅要有扎实的语言知识，还要具备良好的综合素质和交际能力，因此，为了顺应变化的学习环境和教学模式，满足新形势下外语人才的培养需要，我国高校英语教学的当务之急就是改革某些陈旧的教学方法，创造新的教学方法，寻找最优教学法。

"最优教学法"就是适应特定的社会环境、教学环境、教学对象、教学目的要求的教学法，目的是在充分发挥现有条件的基础上达到最好的教学效果，而不是追求统一的、唯一的方法。任何教学法都有其产生的特定背景，并不能服务于所有教学目的，也不能适用于各种学习阶段。能达到最好教学效果的方法就是最优教学法。各高校在选择教学法的时候，要充分考虑学校教学环境、教学设备、学生整体水平以及师资力量等客观因素，结合教学目的与任务、教学内容、教学组织形式等教学基本成分，对现有的英语教学法进行重新组合、搭配。

（一）高校英语传统教学法

英语教学法是英语教学过程中的一个重要成分，是为完成教学任务、实现教师怎样教、学生怎样学以及师生相互作用所采用的方式、手段和途径。英语教学法是一定历史背景和社会环境的产物，是根据不同教学阶段以及教学要求决定的；不同的英语教学法产生于改革外语教育的实践，受制于外语教育的目的，不同的英语教学法并非相互对立，而是长期相互依存的。各类教学法在见解方面需相互借鉴，理论内容互相融合。

一方面，英语教学法总是处于批判、继承、发展、创新的过程中，正是这种历史继承性使综合与折中的趋势有了存在发展的可能；另一方面，高校英语改革是与时俱进的，是时代发展的要求。因此，可以说高校英语教学改革不是照搬外国的理论，而是以高校英语教学方法运用的现状与时代要求为立足点，选择一种既符合高校英语教育教学现状又符合时代需要的英语教学方法。由于受不同语言学基础和心理学基础的影响，早期的英语教学法往往比较注重语言结构和语言规则的掌握，而相对后起的一些教学法如交际法，则比较注重语言意义和语言功能的掌握。我国高校英语教学中正在使用的、有代表性的几种方法可概括为：语法翻译教学法、情境教学法、交际教学法、任务型教学法和直接教学法。

语法翻译教学法始于 18 世纪，是随着现代语言作为外语进入学校课程而形成的第一个有影响的英语教学方法体系，也是我国早期高校英语教学主要采用的方法。语法翻译教学法强调学生母语在教学过程中的重要作用，强调母语和英语的共同使用，认为将母语与英语的异同挖掘出来有助于学生更加明确地理解英语。现代语法教学法主张以语法为语言的核心，是英语学习的主要内容，教师只需具备外语语法基础知识和母语与外语互译能力就可在语法理论的指导下开展教学。课堂教学以教师讲解为主，学生被动接受，使语法为阅读教学服务；语法翻译法把口语和书面语分离开来，把阅读能力的培养当作首要或唯一的目标。因此，语言知识的提高、词汇的理解、语法的变化成了课堂的教学重点。在教学中，翻译既是手段又是教学目的，对语法学习的强调，对理性知识的重视，虽然加深了学生对目标语言的理解，对阅读、翻译、写作等方面的培养行之有效，可是围绕着语法规则的记忆与机械操练，学生运用英语进行口头、书面交际的能力仍然比较薄弱。

情境教学法也叫视听法，主要针对听说法脱离语境、孤立地练习句型、影响学生有效使用语言能力培养的问题。20 世纪 50 年代，在法国产生了情境教学法。情境教学法是教师根据课程所描绘的情景，创设出形象鲜明的投影图画片，辅之生动的文学语言，并借助音乐的艺术感染力，再现课文所描绘的情景表象，师生在此情此景中进行的一种情景交融的教学活动。在情境教学法中，语言被看作是与现实世界的目标和情景有关的有目的的活动。同时会激发学生学习英语的积极性和热情，帮助学生更准确和牢固地完成对英语知识点的记忆。通过获得有价值的感性材料，可以实现英语教学理论与实践的有机结合，为英语的语言知识学习提供良好的基础。但是，情境教学法的不足之处是在运用过程中强调通过情景操练句型，在教学中只允许使用目的语而完全排除母语，这不利于对语言材料的理解和运用；教师若过分强调整体结构感知，就无法保证学生对语言项目的清楚认知。

交际教学法也叫"功能法"或"意念—功能"交际法，是由威尔金斯提出的。其历史可以追溯至 20 世纪 60 年代，威尔金斯指出："交际能力不仅仅包含语言知识，还应包括语言运用的能力，尤其应该注意语言运用的得体性，它包括对交际时间、交际场合、交际话题、交际方式等诸多因素的灵活把握和运用。"交际教学法使语言教学观发生了革命性的变化，在英语教学中发挥了巨大的作用。它提倡以语言功能项目为纲，强调在语言运用中学习语言，从而实现培养交际能力的教学目的。交际教学法在师生共建的课堂互动模式中给学生提供了更多使用语言的机会，它在继承传统教学法合理成分的基础上，将学生能够运用英语语言能力作为学习的目的。它强调交际的过程，认为有没有一个具体的目标和明确的结果并不重要。交际教学法认为语言是实现交际目的的手段，但是仅具有听、说、读能力并不一定就能准确地表达意念和理解思想，因为语言的交际功能受制于语言活动的社会因素，教学过程就必须交际化。这就意味着要尽可能避免机械操练，而应该让学生到真实或接近真实的交际场合进行练习，感受情境、意念、态度、情感和文化修养等因素是如何影响语言形式的选择和语言功能的发挥的。因此，教师应该借助课堂或者多媒体教学，多为学生创造、提供交际情景和场合，在真正意义上实现"用语言去学"和"学会用语言"，而不是单纯的"学语言"，更不是"学习关于语言的知识"。

任务型教学法是 20 世纪 80 年代交际教学法被广泛采纳的情况下产生的，它是交际教学法和第二语言研究两大领域结合的产物，它代表了真实语境下学习语言的现代语言教学理念。任务型教学法是通过教师引导学习者在课堂上完成任务来进行教学的方法，强调"在做中学"，是交际教学法的延伸和发展，教育的重心从教科书和教师转向学生，教师引导学生在各种语言任务中学习。在课堂教学活动中，教师围绕特定的交际项目，创设出目标明确、可操作的任务，学生通过表达、交涉、解释、沟通、询问等多种活动形式完成任务，达到掌握语言的目的。任务完成的同时就是巩固旧知识，并且学习与运用新的语言知识的过程，从而达到学习语言和掌握语言的目的。任务教学法综合了多种教学法的优点，和其他教学法互相补充、相互完善。通过完成多样化的任务活动，学生的学习兴趣被激发，语言技能和语言知识得到了发展，对培养学生的语言综合能力大有裨益。这与传统的语言操练完全不同。任务型教学法充分体现了以学生为中心、以实现语言运用为目的的教学理念。

直接教学法是贝立兹主张力求在英语教学中创造与儿童习得母语的自然环境相仿的环境，并采用与儿童习得母语的自然方法相一致的方法。帕默认为语言是一种习惯，学习一种语言就是培养一种新的习惯，习惯的养成是靠反复使用形成的。因此，直接教学法主张不依赖学生的本族语，它是通过思想与外语的直接联系来教外语的方法。它主张外语教学应以语音训练为主，对语音的掌握是学好外语的关键，语音训练应充分利用音标。直接教学法强调建立外语同母语与实际的直接联系，以培养学生使用外语思维，这就为英语学习提供了一种生动活泼的学习方法。激发学生的学习兴趣，促进学生积极参与课堂教学活动，让学生实际掌握语言材料，再从他们积累的感性语言材料中总结出语法规则，用于指导以后的学习。直接教学法重视听觉感知和听觉记忆，对培养学生的语音语调，特别是在培养学生的活动能力方面效果明显。它通过提出先听说、后读写的教学要求，把语言听说教学提高到前所未有的重要地位。

（二）教学活动中多种教学法的综合运用

高校英语教学在方法上越来越趋于多样化、折中化、本土化、学生中心化和学习自主化。这些变化促进了中国的高校英语教学改革。英语教学是一门实践性极强的课程，它需要一定的知识传授，但更需要活泼和较为真实的课堂教学氛围，以及作为英语学习主体的学习者的积极参与和大量的交际实践。教师的"教"和学生的"学"是教学的两个重要环节，需要教师和学生共同参与。那么，如何在师生共建的课堂互动模式中，有意识地创造各种语言环境，调动学生学习英语的积极性，让学生正确地使用英语知识去表达、交流思想和传递信息，是英语教学法要解决的首要问题。这就要求教师在教学过程中灵活地选择有效的英语教学法，在以计算机、多媒体和网络为辅助手段的基础上，将不同的教学法穿插使用。有效地调动学生学习英语的主观能动性，有助于教师及时地对教学过程进行调控，同时可以加强学生与教师之间的有效沟通，帮助学生更好地提高自身的语言能力。教师对教学法进行选择时应注意兼顾三个原则，知识的体系性、任务的多样性、情境的真实化。

英语教学法要帮助学生构建扎实的语言知识体系。高校英语的教学目标是培养学生的英语综合应用能力以及运用英语进行交际的能力。交际能力由两个方面组成，即语言知识和交际实践。语言知识的积累可以提高交际能力；交际实践可以巩固学到的语言知识，并进一步促进交际能力的提高。在这两者的关系中，语言知识的学习是基础，也是最终为语言交际服务的。教师在开展教学过程中可以参照语法翻译教学法，先讲授词法，然后再讲授句法，采用演绎法讲授语法规则，再举例子予以说明，语法练习的方式一般是将母语句子翻译成英语。在强调阅读作为英语教学的主要目标的同时，考虑对学生听、说、写能力的培养，这样的教学法在很大程度上有助于学生英语知识体系的建构。此外，强调母语和目标语言的共同使用：在课堂上，教师适当地采用母语进行解释，尤其是针对具有抽象意义的词汇和母语中所没有的语法现象，既省时省力又简洁易懂；另外，将英汉两种不同的表达方式进行比较，可以提高学生正确运用目的语的能力，因此在教学中可以灵活采用。

教学法能否调动学习者的学习兴趣是保证教学质量的关键，因此，在教学中教师应该确保学习任务的多样性。教师在设置任务的时候要以激发学生学习兴趣和成就感为出发点，围绕特定的交际和语言项目，设计出具体的、可操作的任务，让学生在任务的驱动下学习语言知识并进行技能训练，在感知、认知知识的过程中达到学习和掌握语言的目的。活动可围绕教材但不限于教材，要以学生的生活经历和实际交际活动为参照，不仅要有利于学生英语知识的学习、语言技能的发展和运用能力的提高，还应有利于促进英语学科和其他学科之间的相互渗透和联系，使学生的思维能力、想象力、协同创造精神等综合素质得到提高和锻炼。例如，上课之前让学生利用课余时间通过图书馆、网络等媒介查阅相关资料，了解本单元的中心主题；建立学习小组，成员之间互相检查背诵、记忆教材内容，或者根据课程内容提前安排小组排练表演并进行课堂展示等；在课堂上鼓励学生积极参与各项学习、讨论、陈述。由于学习任务包含有待实现的目标和需要解决的问题，因此会激发学习者对新知识、新信息的渴求。这样，学生通过实施任务和参与活动，就能促进自身知识的重组与构建，使摄入的新信息与学习者已有的认知图式进行互动、连接、交融与整合。

在教学中，教师应通过模拟真实情境来拓宽教育空间，增强学生的感受，强化参与意识，从而有效地提高教学效果。传统的课堂教学被局限在教室中进行，现代信息技术的广泛应用使教育空间的拓展成为可能。教师可以在课堂教学中借助多媒体教学设施，为学生创设真实的语言环境或模拟情境，在模拟情境中完成语言知识的学习和操练，在实践中提升交际能力。传统教学法的弊端之一就是教学法给学生造成一种距离感，形成"你讲我听"的被动状态。而情境教学法由于教师根据教材和心理理论创设了有关情境，从而缩短了师生的心理距离，强化了学生积极参与的意识。情境教学法强调在英语教学中充分利用生动、形象、逼真的意境，使学生产生身临其境的感觉，利用情境中传递的信息和语言材料，激发学生用英语表达思想感情的欲望，促进学生的语言能力及情感、意志、想象力、创造力等的整体发展。情境教学法的教学实践是以课堂教学为主线，综合运用多种方法创设真实的语言情境，营造英语氛围。教师可以鼓励学生在课后使用视听设备和语言实验室来放映英语电影、收听英语广播、收看英语电视节目，通过情景、视听教学，让学生掌握地道的语音、语调，了解西方的文化背景。情境教学法既能突破传统外语课堂教学的狭隘性、封闭性，拓宽教学空间，又能引起学生的兴趣，唤起学生的参与意识，提高教学质量，对外语课堂教学来说这是一种切实可行的教学法。教学要以重视、发展语言技能和交际能力为主，应采用多种交际功能项目，保证交际的趣味性。

由此可见，每种英语教学法自有它产生和存在的条件。在实际教学中教师应该仔细研究各种教学法的特点。熟悉并掌握其中的技巧，不能盲目地推崇某一种教学方法，否定另一种教学方法，应根据教学活动的具体情况综合使用各种教学方法。事实证明，没有任何一种单纯的教学方法是万能的，过多地依赖或推崇某一种教学法的做法往往会在具体的教学实践上产生某种偏差，这不利于英语教学的进一步发展与提高。高校英语教学大纲要求教师不仅要向学生传授语言知识，训练语言技能，还要培养学生运用英语进行交际的综合能力。这一要求是立体的、多层次的，所以，教师在教学中必须秉着客观、实事求是的态度，结合教学特点、学生的实际情况以及现有的教学资源，选择合适的教学法，从而有效地开展高校英语教学。

二、高校英语的教学手段

教学手段是构成教学系统的重要因素之一，是为了实现预期的教学目的的手段，是师生教学相互传递信息的工具、媒体或设备。高校英语教学应尽可能地为学生创设自主式学习环境，体现个性化教学。将多样化和立体化引入传统的英语课堂，这些要求对高校英语教学提出了新的挑战。高校英语教学需从调整教学观念及教学手段等方面入手，重新审视并合理地运用传统教学手段和现代化教学手段，使教学以更快的速度、更高的效率，最大限度地激发学生的学习动力及开发他们的潜力，以保证新形势下高校英语教学的质量。

现代互联网信息技术的应用和普及尤其是多媒体技术和网络技术的结合，为英语教学提供了强大的技术手段，特别是多媒体英语教学软件的出现给英语教学带来了勃勃生机，在教学中充分利用以多媒体技术为核心的现代教育技术是高校英语教学改革和发展的必然要求，是各高校英语改革的主要方向。传统的英语教学模式主要是面对面的单向式课堂教学，多媒体网络教学以其形象性、生动性、先进性、高效性等特点弥补了传统教学中的不足，成为现代化教学的一种重要手段而被广泛采用。

（一）现代化教学手段的优点

现代化的多媒体教学手段集声音、图像、视频和文字等媒体于一体，具有形象性、多样性、新颖性、趣味性、直观性、丰富性等特点。它可以根据教学目的、要求和教学内容，创设形象逼真的教学环境、声像同步的教学情境、动静结合的教学图像、生动活泼的教学气氛。它是现代科学技术发展在教学中的反映，具有直观性强、智能化的特点。多媒体的应用可以用来设计全新的整体教学过程和交互性、个性化的训练方式，促使教学过程发生根本变化，形成教师、学生、教材和教学方式的新组合，能为语言学习者提供一个良好的视觉、听觉交互式语言环境，起到其他教学手段无法比拟的教学效果。与传统的教学手段相比，多媒体辅助教学有着明显的优势。多媒体是集图画、视频、音频与文本于一体的教学手段，它从视觉、听觉与感觉等方面同时刺激神经系统，使学生动脑、动眼、动嘴、动耳、动手，积极地开展思维活动，提高语言交际能力。教师在多媒体教室使用现有的多媒体软件，通过动态过程的演示和模拟情境，将知识以图文并茂的形式展示出来，通过形象逼真、色彩鲜艳的画面、生动有趣的形式充分刺激学生的多种感官，使单调的书本知识形象化、具体化，极大地激发学生学习的兴趣，为学生参与听、说训练创造良好的气氛和环境。同时，学生可以借助计算机，根据各自的喜好选择不同的学习内容，既可听单词、课文的朗读，也可以通过虚拟课堂讨论、角色扮演、游戏等来培养英语思维能力，可以有效地提高英语的实践能力。

现代化教学手段能够增加课堂信息容量，提高授课效率。课堂教学中引入多媒体课件，可以增加课堂信息量，大幅降低教师的劳动强度，提高课堂效率。传统课堂教学需要教师写板书、学生记笔记，教师与学生的劳动强度都较大。计算机多媒体技术的发展为教学提供了强大的技术支持，教师可以运用计算机事先准备好授课内容，制作汇集大量的文本、图形、图像、视频、音频资料课件，可以充分利用课堂时间。多媒体课件包含的信息量大，以其信息和数据表达的多样性，可调动学生多种感觉器官参与学习，更增强了学生学习的趣味性，从而提高授课效率，相比于传统教学而言，在同样的时间里可以呈现更多的信息，因为多媒体教学节约了教师写板书的时间，降低了教师的劳动强度，使教师可以在单位时间内向学生传递更丰富的知识，而且可以有效地压缩课内教学学时，给学生以更多的讨论、小组活动、师生互动的时间。教师也可在课后将课件发送到校园服务器上，供学生随时查阅，这无异于给学生提供一本完整的课堂笔记，从根本上解决了学生上课时听与记之间的矛盾。

（二）现代化教学手段的不足

高校英语教学是一个集多种教学模式和教学手段于一体，以英语语言知识与使用技能、学习策略和跨文化交际为主要内容的教学体系。多媒体教学把各种媒体和教材中的资料都整合到高校英语教学中。现代化教学手段虽然是一种先进的教学手段，但目前它还不能完全代替传统教学活动，因为多媒体教学手段在英语课堂教学中主要是起辅助作用的，不能本末倒置。在具体的教学实践中，现代教学方式中的问题也逐渐暴露出来。

多媒体课件过于注重形式，忽略教学内容。在多媒体网络教学中，教学课件起着重要的作用，它的优劣直接影响着教学效果。而真正用于教学内容的反而变少，不利于备课。例如，部分教师在制作课件的过程中，过分注重形式，加入过多的图像、动画，结果教学过程出现主次不分、杂乱无章的现象，导致学生上课时一味地欣赏课件中的图案和动画效果而忽略了教师的讲解和重要的知识点。

多媒体和网络的使用给大多数学生提供了自主学习的机会，锻炼了他们的创造性和主动性，然而在这一过程中，由于缺乏教师监督，学习效果的好坏在很大程度上取决于学习者的自觉性，难以保证教学质量。在传统教学中，学生基本能跟着教师完成教学任务，教师对于学生的表现可以实现监控，教师的警示会约束学生走神，教师的暗示会启发学生的联想思维。但是由于现代教学手段强调学生的自主学习，教师的主导监督作用往往不起作用，学习自主性较差的学生就不能得到较好管理。另外，多媒体课件上的学习内容繁多，学生往往分不清学习的主次和重点，又缺少有效的监督和管理，无法检索自己所需的资源而影响学生的学习。

因此，鉴于我国英语教育的师资配备、教学配套设施的建设和完善程度，单纯凭借现代教学手段是无法保证高校英语教学的顺利开展的。为了提高高校英语的教学质量，在教学中就要将多媒体教学与传统教学相结合，各取所长，充分发挥传统教学手段和现代化教学手段的优势，这样才能取得较好的教学效果。

（三）传统教学手段与现代化教学手段的运用

教学手段是教育者通过教学内容联系教育对象的桥梁，是教学主体与客体交流教育信息的物质基础。教学手段的运用直接影响师生之间信息传递的质量与效果，进而影响教育对象的思维发展。

传统教学手段主要借助文本教科书、挂图、教师的大脑等记录、储存教育信息。教师备课认真，讲课内容丰富，讲课有条理。学生通过观察教师的表情、动作等肢体语言，可以领会教师的用意，从而有助于对知识的消化和吸收，在课堂上师生交流的机会较多。与现代教学手段相比，以"粉笔＋黑板"为标志的传统教学手段虽然过于费时、形式比较单一，却是在长期教学实践中保留下来的一种传播知识文化的方式。它在加强师生之间的互动关系、调动学生积极思考、通过教师的肢体语言传达给学生直观的感受等方面发挥着巨大作用，其特有的教学效果是现代教育技术不可替代的。

现代教学手段以信息处理的高速度、高容量、多媒体和交互性，极大地提高了教学效率，这就从根本上改善了高校英语教学的环境，可以极大地丰富传统的教学手段，二者互相补充、扬长避短就可实现教学手段的优化整合，为高校英语教学提供新思路，从根本上改善传统教育中存在的问题。

多媒体教学作为重要的现代化教学手段在高校英语教学中受到重视并得到较为广泛的应用，但是过分夸大计算机辅助教学的功能，用计算机完全替代传统教学的教学手段是不现实的，因为多媒体辅助教学手段仅是构成教学环境的一个重要方面，不可能取代教学过程中的所有环节。在教学中要根据教学目标、教学内容以及教学对象的特点，有针对性地设计和选取教学手段，将多媒体教学手段与传统的教学手段有机结合，实现优势互补，才能提高高校英语的教学效果和质量，提高高校学生的英语综合运用能力，为我国的社会发展和经济建设输送高素质的外语人才。

因此，针对传统教学手段和多媒体教学手段各自的特点，教师在教学过程中应重新审视如何合理地运用传统教学手段和现代化教学手段，做好两种教学手段的整合，以提高高校英语教学的质量。

第二章 高校英语教学改革发展研究

第一节 高校英语教学改革简述

一、高校英语教学改革的理论依据

面对社会发展和教学改革不断提出的新挑战，以及全面推进素质教育的高涨呼声，英语教师或教学研究人员除要熟知基本英语教学理论和技术外，还要对外语的教与学有更深入的研究，借助不断发展的相关理论，使英语教学更有教育性、更能促进学生取得学习成效，使学生素质全面提高。本书在高校英语教学改革与创新中主要涉及近些年不断发展、在英语教学中极具应用潜力的一些理论。

（一）认知理论

认知理论源于认知语言学，认知语言学探讨认知科学以及语言学，是一门新兴的边缘性学科。自 20 世纪 90 年代以来，认知语言学在中国得到了快速发展，对教学诸多领域有着较深远的影响。认知语言学所提出的主要概念和研究对象有理想化认知模型、基本范畴、原型、图式、辐射范畴等，其中，被应用于英语教学的有基本范畴、隐喻思维、图式理论、距离相似性等。

1. 基本范畴

客观事物纷乱复杂，人们为了记忆这些事物，就必须对这些事物进行判断、分类和储存，这就构成了许多范畴。位于同一范畴里的不同事物并不都是位于同一层面，因此就会出现有些事物易于被人们感知，这类能被迅速感知的范畴称为基本范畴。其特点有：①处于基本范畴内的事物与外部事物存在明显的区别，这种区别使之得以快速被感知；②往往具有表达简洁、被经常使用的中心词；③这些事物能够最先被人类认识，并进行掌握和记忆。因此，在词汇教学过程中，教师要先教授基本范畴内的词汇，在此基础上再深入讲解其他范畴的词汇。学生只有掌握了这些基本范畴的词汇，才能更好地理解和掌握其他范畴的词汇，以此来提高英语水平。

2. 隐喻思维

莱考夫和约翰逊认为，隐喻不仅是人们熟知的一种修辞手法，而且代表着一种思维方式和概念体系。人们通过对一种已知事物的认识和理解来表达对另外一种事物的认知，即为隐喻。这也是人们具备的基本思维特征。因此，人们通常会用隐喻的方式构建自己的概念系统。一般隐喻具有以下两种意义：①在日常生活中顺应人们的需要产生的意义；②在语言的长期运用中形成的一种约定俗成的意义。隐喻思维在教学中的作用是其可以帮助学生透过现象看本质，即通过语言的表层去领悟语言所体现的思维特点和概念模式，从而能够将某些看似互不关联的词语与其反映的底层概念结构联系起来，进而掌握语言形式背后的那些概念。

3. 图式理论

约翰逊将意象图式定义为："通过感知的相互作用和运动程序获得的对事物经验给以连贯和结构的循环出现的动态模式。"所谓"图式"，实质上就是每个人过去所获取的知识在头脑中储存的方式。图式是大脑对过去经验的反映或积极组织，是被学习者储存在记忆中的信息对新信息起作用的过程，并对这些新信息进行加工转存的过程。图式也是一种储存于大脑中抽象的包含空档的知识结构，每个组成成分可以构成一个空档，当图式的空档被学习者新接收的具体信息填充和丰富时，图式便产生了。鲁梅尔哈特认为，阅读图式分为语言图式、内容图式和形式图式三类。在实际的教学过程中，语言图式要求教师能为学生扫清语言学习中的障碍，并对不同文章的语篇结构和类型有较为深入的认识和理解。内容图式要求教师要有针对性地选择阅读材料。形式图示要求学生了解记叙文、议论文和说明文等不同文体的固有模板、修辞方法以及写作技巧，教师可在形式图示理论的指导下，让学生对文章进行全篇阅读，并对文章大致内容进行复述和书面总结。

4. 距离相似性

距离相似性的基本含义是概念距离越小，语言形式上的距离也更为接近。其认知基础为：邻近的概念与相关的思想较容易被激活，在心智上也就更倾向于被放在一起处理。该理论在英语学习中具有重大的实践意义，既有助于学生对语法知识的理解，又有助于学生更得体和礼貌地使用语言，达到能够灵活运用英语进行交际的最终目的。从索绪尔提出语言符号任意性原则以来，任意性便被视为一种人类语言的本质特征。但是，随着认知语言学的不断发展，任意性原则逐渐被推翻，语言相似性原则得到了广泛认可，并引起了不少学者的关注和研究。其中，王寅将其定义为，"语言符号在音、形或结构上与其所指之间存在映照性相似的现象"。语言的相似性是一个相对概念，与其相对的是语言的任意性。

（二）建构主义理论

20 世纪 90 年代以来，建构主义一直是一种具有很大影响力的学术思想，具有"当代教育心理学中的一场革命"的美称。建构主义理论的核心观点是：外部的世界是客观存在的，但人们可以通过自己的理解来赋予其意义，个体可以通过已有的知识对其进行构建，由于个体的差异性，构建的世界也存在差异。建构主义理论强调在个体本身经验和背景的基础上对客观存在的事物进行主观上的理解和建构，它强调学习过程，反对简单传授。

1. 社会建构主义

个人建构主义认为，个体一出生便开始积极地从自身经验中建构个人意义，即建立其对世界的理解。其代表人物皮亚杰把心灵的发展看作是已有知识和当前经验不断达到平衡的过程，伴随这一过程的是同化和顺应。这一理论强调"个人"的发展和经验，忽视干预和直接教育的作用，忽视"社会"环境的作用，因此具有局限性。本书所建立的理解教学过程的基础是社会建构主义模式。这一模式的要义在于学习者并不是通过教师的传授而获得知识，而是通过教师和学习伙伴的帮助，并结合必要的资料进行建构而得。在建构主义理论中，"情境""会话""协作""意义建构"四者共同构成了学习环境。建构主义倡导教学应以学生为中心，教师在教学过程中要发挥好组织者、指导者、帮助者和促进者的作用，并采取一些手段来充分调动学生的学习积极性，培养学生的创新精神，使学生能够对当前所学的知识进行有效的建构。

2. 最近发展区（ZPD）理论

苏联心理学家维果斯基心理学的一个中心概念是中介作用，该理论认为身边的人对儿童的发展有重要作用。因此，学习的有效与否取决于儿童和其中介人之间交流互动的质量。维果斯基还做出了一个重要的贡献，就是提出了最近发展区理论。"最近发展区"是指比儿童现有知识技能略高出一个层次，经他人协助后可达到的水平。其中的"他人"指成年人或者能力强于他的同伴，儿童与这些人多进行交流和互动，是其进入下一个发展区的最好办法。这种理论体现了一种积极的思想，即当学生在学习过程中遇到困难时，可以借助教师的帮助或同学的帮助来攻克难关，从而进入新的学习阶段。

建构主义提倡的主要教学方法有三种，分别是随机进入教学、支架式教学和抛锚式教学。随机进入教学顾名思义就是学习者可以随意选择进入同样教学内容的途径和方式，并建立对同一事物或同一问题的多种认识与理解。支架式教学要求教学要为学习者提供一种概念框架，学习者以此来完成对知识的建构。因此，教师在教学过程中要先对比较复杂的学习任务进行分解，逐步引导学习者进行更加深入的理解。支架式教学由搭脚手架、进入情境、独立探索、协作学习、效果评价五个环节组成。抛锚式教学也称"实例式教学"，指教师在教学过程中选取一些极具感染力和代表性的实例进行讲解，以使学生能够深刻地理解某一事物的性质、规律及其与其他事物之间的关联。抛锚式教学包括创设情境、确定问题（形象地说，就是"抛锚"）、随机进入学习思维发展训练、小组协助学习、学习效果评价五个环节。

（三）二语习得理论

这里重点介绍输入假设理论。20 世纪 80 年代，克拉申提出了输入假设理论。这个理论由五个相互连接的假设组成：输入假设、习得 / 学习假设、监控假设、自然顺序假设、情感过滤假设。克拉申认为，学习者所接受的输入语言必须满足下面三个条件，语言习得才可能发生：①可理解的输入；②包含已知的语言成分；③包含略高于已知语言水平的成分。只有学习者接触到可理解的语言输入，即略高于其现有语言水平的第二语言输入，而其又能把注意力集中于对意义或信息的理解，而不是对形式的理解，才能产生习得。如果现有语言水平为 i，能促进其习得的是 $i+1$ 的输入。

互动假说是麦克·朗（Michael Long）在克拉申提出的输入假设的基础上提出的，并被广泛认为是输入假设理论的扩展和延伸。麦克·朗关注这些输入如何变得可理解，即交际双方为交流能顺利进行而进行的交互调整，语言输入在互动中通过澄清请求、理解检查、重复证实，其理解性会增强，语言输入也会更成功。这一理论也为讨论式教学、课堂交际活动提供了理论支持。在课堂教学中，要使学生获得更多的可理解性语言输入，教师就必须尽可能多地创造出为实现交际目的而使用语言的机会，以便让学生接触到更多可听懂的语言输入。

二、高校英语教学改革的新要求和新形势

作为一种国际交流语言，英语在当今世界有着重要的作用。要对高校英语教学进行改革，先要厘清目前英语教学过程中出现的一些弊病；还要进行有针对性的改革，这样才能有效提高高校英语教学的质量。下面主要围绕我国高校英语教学改革面临的新要求和新形势展开论述，以期为高校英语教学改革的顺利进行奠定理论基础。

（一）以全面发展，以人为本为导向

以人为本的思想应该贯穿于整个英语教学活动之中。这就要求教师要注重学生的主体地位，时刻围绕学生的实际需求来开展教学活动，以促进学生全面发展，并使其具有持续学习的动力，为以后的学习奠定坚实的基础。这也是目前英语教学改革面临的首要要求。要达到让学生全面发展的培养目标，需要注重以下两个方面：①让学生能够较好地掌握英语知识；②培养学生对待英语学习的良好态度。这些因素都影响着学生的英语学习。要做到以人为本，注重全面发展，可以从以下几点入手。

1. 承认学生之间的差异性

要认清不同学生的不同特点和个性，承认学生之间的差异。这些差异的存在就要求教师要因材施教，为学生营造平等的学习环境，根据不同的情况采取不同的指导措施。

2. 相信学生的潜在能力

每个人都存在一定的潜能，因此教师要相信学生的学习潜能，并要善于挖掘学生的潜能。如今，随着科技的不断进步和网络的快速发展，学生的独立性也达到了前所未有的高度，对问题的思考角度也不尽相同。所以，在日常教学中，教师要注重与学生之间的互动和交流，树立一种亲切的朋友形象。在这样一种平等的相处模式中，教师能够及时了解学生的想法，并以此为依据完善自己的教学方法，这样才能让学生的潜能得以充分发挥，从而提高英语教学质量。

3. 发挥学生的主体作用

一切教学活动的中心是学生，因此教师在教学活动中要注重发挥学生的主体作用。①要一视同仁，为每位学生提供良好的教学环境；②在组织教学活动时，要让每位学生都能参与其中，这样才能更好地提高学生的自主性和能动性。

4. 营造和谐的课堂氛围

要达到以人为本的教学效果，还需要营造一种和谐的课堂氛围。课堂氛围影响着交际的效果，和教学方法同等重要，课堂氛围的营造可以从以下三个方面着手。

（1）提倡宽容的态度。在教学中，教师要表现宽容的态度。学生在学习母语时都会出现错误，学习外语时更会不可避免地犯错。在以往的教学活动中，一旦学生出现错误，哪怕错误极小，教师都会纠正。这种方法过于强调语言的准确，这样容易打击学生的学习热情，给学生造成挫败感，甚至会导致学生产生畏难情绪，进而丧失对英语学习的兴趣，在课堂中表现不积极，这样的课堂氛围自然就不和谐。因此，在高校英语教学改革过程中，教师要对学生更宽容一些，多一些引导，少一些纠错。另外，对于课堂中的一些违反课堂纪律的行为，如学生开小差、睡觉等情况，教师要合理处理，尽量避免不留情面的大声呵斥，避免伤害学生的自尊心。这种处理方式体现了人本主义，利于学生意识到自己的错误，并产生感激之情，从而较好地进入学习状态。

（2）改善师生关系。和谐的课堂氛围离不开良好的师生关系。教师要热爱、尊重学生，并为他们提供平等的学习机会。教师应坚持以人为本的思想，重新审视其与学生之间的关系，并朝着好的方向进行调整。在教学活动中，教师要为学生营造良好的学习氛围，满足不同学生的基本需求，使他们都能在学习中体会快乐和满足。一旦学生获得了一些成就感，就会更加喜欢学习。因此，良好的师生关系有利于教学质量的提高。

（3）注重情感交流。除上述两点以外，教师还要注重师生之间的情感交流。学生的学习效果受多种因素影响，其中一种影响因素便是教师是否对其有信心。在课堂中，教师若是能够保持乐观、高昂和热情的教学状态，学生也会受到感染，表现出积极的学习情感。另外，教师在教学中要对学生有信心，并适时表扬学生，这样的情感交流有助于提高学生的学习主动性和积极性。

（二）注重培养学生的综合语言运用能力

英语教学的目的是让学生具备综合语言运用能力。对学生进行综合语言运用能力的培养，主要有以下三种途径。

1. 要让学生掌握语言技能，这是英语学习的主要目的

这里所说的语言技能包含两大类，分别是基本技能和综合能力。基本技能包括听、说、读、写、译五大部分，这大五部分各有特点：听和读是语言的一种输入，主要是吸收知识；说和写是一种输出，是一种对知识的表达；翻译综合了输入和输出。这些语言的输入和输出即构成了学生的学习过程。综合能力的提升是建立在对基本技能的掌握基础之上的，因此，教师在教学过程中要培养学生在上述五个方面的能力，并引导其参与大量的实践活动，最终提高综合语言运用能力。从这个角度上看，对基本技能的掌握不仅是一种目的，也可以作为一种学习的方法。

2. 要让学生掌握必要的语言基础知识

能力的形成离不开对基础知识的掌握。因此，在教学过程中，教师要注重对学生进行语言基础知识的培养。虽然在英语教学改革中往往不提倡一味地教授语法，但这并不代表要忽视语法的学习，对此，教师要辩证地对待。语言能力的一个重要组成部分便是语言的基础知识，因此对语法的学习是一个必不可少的环节，这对培养学生的语言技能具有重要的作用。教师在重视语言基础知识的同时，也要认清这并不是学习的全部，学习语言知识只是培养综合语言运用能力的基础，学生只有掌握了扎实的语言知识，再加上一定的实践，才能提高综合语言运用能力。

3. 要重视学生的心理因素，进行正确的学习策略引导

心理因素与人的发展息息相关，对英语学习也有重大的影响，具体的体现是：学生若以良好的心态面对英语学习，并始终保持积极主动的状态，就能学好英语。因此，教师在平时的教学中要及时了解学生的心理变化，给予学生及时的帮助。在影响英语学习效果的心理因素中，学习动机排在首位，其形成过程涉及诸多因素，其中，学生的情绪、态度以及兴趣是关键。这些方面需要教师在教学中足够重视。

学生的学习动机固然重要，但学习方法也不容忽视。教师在教学过程中要引导学生采用正确的学习策略，这样才能提高学生的学习效率，从而收到事半功倍的教学效果。

（三）努力提高学生的认知能力

随着教学改革的不断推进，英语教学逐渐由传统的知识型教学过渡到了技能型教学，即在英语教学中不仅注重语言技能的获得和语言知识的传授，还要提高学生的认知能力。

1. 提高学生认知能力的意义

在研究如何提高学生的认知能力之前，有必要探讨此举的意义，下面展开详细论述。

（1）母语与英语的关系。我们的大部分知识都是在学习母语的过程中获得的，因此，我们能在日常生活中熟练地运用母语。但是，很多人都有这样一种体验：没有学习英语之前，对母语的认知往往比较浅显，在学过英语之后，反而形成了一种对母语的理性认知，加深了对母语的理解。从这种现象来看，学生学习英语既可以获得知识，又可以学会一种认识事物的新方式，能够在某种程度上提高认知能力。以前，国外流行的一种自觉对比教学法就是利用这个原理。该教学法就是将母语和外语的对比作为一种提高学生文化素养的途径，以此来提高学生的智力水平。因此，教师在教学过程中要认清这种关系，不要只局限于语言知识和技能的教授，要深入挖掘语言的教学价值。

（2）语言与思维的关系。在文化语言学中，语言与思维存在紧密的联系，两者既是统一的整体，又互相促进。语言是思维的载体，是思维的外在表现形式，思维产生于人们的学习过程之中。因此，语言能力和思维能力相辅相成，具有辩证统一的关系。

2. 提高学生认知能力的途径

要想在英语教学中提高学生的认知能力，就要选择合理的教学途径和方法，具体来说，可以从以下两个方面入手。

（1）坚持以话语为中心的教学。英语教学先后经历了从翻译法到听说法再到交际法的过渡。这三者分别是围绕词、句和话语的本位教学法。其中，"词"是一种概念的表达，"句"主要起判断作用，"话语"是一种推理表现。语言与思维应该与话语协调统一。从这个角度来看，翻译法和听说法均未充分体现思维活动。这两种教学方法均存在一定的弊端，容易让学生走上机械的模仿和重复之路，不利于其智力的锻炼和开发。而交际法教学更注重语言的整体与连贯，因为话语作为一种基本的交际单位，能够有效衔接词语与语境。另外，在话语本位教学中，话语分析以及篇章语言学能同时提供理论支撑基础和具体的分析方法，能够使教学活动更科学化和系统化。教师教学时要在掌握理论的基础上做到理论联系实际。

（2）坚持"文道统一"原则。语言与思想有着紧密的联系。因此，在教学活动中，教师要做到"文道统一"，即应该在注重语言教学的同时，也注重思想教育，做到两者兼顾。在以往的英语教学中，教师通常更加注重教学的形式。就语言本身来说，其是一种交际工具，然而对语言的教学却不能仅停留在工具层面上，其最终目的是实现更高层次的教育。坚持"文道统一"原则是一种很好的途径，为达到这个目的，教师要注意以下两点：

第一，要提升自身素养。英语教学中有一种"自理同构律"，这个规律被普遍认可，即教师在要求学生达到某种素质和能力之前，自己要先具备这些能力。因此，教师想要提高学生的认知能力，就要在备课中体现这种能力。教师只有亲身体验过这些智力投资，才能让学生也有此体验。

第二，在进行阅读教学时，教师要先厘清文章的脉络和层次，随后引导学生对内容进行挖掘，探讨其中的文化价值和底蕴。这样不仅能带领学生领略真善美，也能促进学生人格的升华。通过这样的教学方式，既可以提高学生的认知能力，也有助于学生人格修养的提升。

（四）充分利用多媒体、网络技术

随着多媒体和网络技术的出现，网络教学也应运而生。不同于传统的高校英语教学方式，多媒体技术在英语教学中的运用使学生在学习中拥有了更多自由的空间，其优势主要表现在以下三个方面：

（1）多媒体软件不仅能提供标准的英语发音，而且能够将内容用生动的形式传达给学生，加深学生的理解，并提高他们对知识的记忆能力。

（2）多媒体技术更能激发学生的学习兴趣。多媒体技术的应用使各种各样的教学资料得以充分组合和利用，有利于激发学生的学习兴趣。此外，还能打破时空的限制，为学生提供更多的学习途径，不再局限于课堂学习，这样一种方式不但延伸了学生的学习时间，也有利于调动学生学习的积极性和主动性。

（3）网络技术的广泛应用不仅为学生提供了更多的学习空间，也为教师提供了便利，教师可以在网络中进行任务的布置和修改。这样不仅能适当减轻教师的负担，也有利于学生自主学习能力的提高。因此，教师要充分利用多媒体技术，达到更好的教学效果。

（五）提高学生的文化素养

语言是文化的载体。学习英语不仅是简单地学习一门语言，还要了解这门语言背后的文化。经济、技术、信息的交往和商品、资本、人员的流动使世界各国的文化突破特定的地域环境和社会语境，融入全球性互动的文化网络中。多元文化已成为文化的基本格局。在这样的时代背景下，文化素质的培养毫无疑问成为高校英语教学的重要内容。文化教学能够提高学生的国际理解力和竞争力，帮助他们用全面的眼光和角度来审视和认识本国与他国文化，从而积极有效地推进国家间的交流与合作。同时，文化教学还能帮助学生对本国文化产生更深刻的认识，增强他们的民族自尊心与自豪感，使其在跨文化交际中把我国优秀的文化传统发扬光大，为世界文化的繁荣贡献自己的力量。

（六）评估方法多元化

判断教学能否达到预期效果，需要按照一定的方法进行评估。因此，在高校英语教学改革中，也要注重对评估方法的改革。传统的英语教学评估方法趋向于单一和机械。随着时代的不断发展，这种评估方法显然已不再适用。就目前常见的评估方法来看，对客观题的考查不断减少，对主观题的考查有所增加，形成性评估越来越受推崇。随着人们的改革意识不断增强，网络评估方式也应运而生。无论是形成性评估还是网络评估都有着传统评估方式不可比拟的优势。例如，能为学生提供多次考试机会，让学生看到自己处于进步之中。这体现了对每个学生学习速度和感受的一种尊重，有助于学生摆脱学习只是为了应试的错误看法。

第二节　高校英语教学模式的改革

英语教学的最终目的是让学生在交际过程中能熟练运用语言技能，为社会培养更多的英语人才。如今，提高英语人才素质的有效途径就是改革现有的高校英语教学模式。本节选取三种教学模式进行分析。

一、分级教学模式

从字面意思上看，分级教学模式是一种分层次的教学，即在对学生的水平和潜能进行划分的基础上开展教学活动。这种教学模式讲究因材施教，全面考虑不同层次学生的需要，让每位学生以自己所在的起点为基准，通过不断学习来取得进步。

（一）分级教学模式的理论

教学工作者在教学实践中，根据科学的教学理论提出了分级教学的理念。下面对这些理论展开一一介绍和分析。

1."$i+1$"语言输入假设理论

"$i+1$"语言输入假设理论是分级教学模式的核心理论依据。其对分级教学模式主要有以下两个方面的影响：

（1）课程理论方面。"$i+1$"理论既强调知识的获得，也注重其获得的途径。该理论提倡一种循序渐进的过程，体现了分级教学模式理论的精髓。

（2）教学实践方面。为了达到"$i+1$"理论的要求，分级教学模式会综合考虑多方面的因素和差异来设立不同的教学目标。

2.学习迁移理论

所谓"学习迁移"，是指已有的学习经验对当前学习的影响，包括正迁移和负迁移两种形式。前者表示已有经验能促进当前的学习，后者表示已有经验会干扰当前的学习。奥苏伯尔提出了一种认知结构迁移理论，该理论认为，认知结构即学习者脑中的知识结构。当学习者学到新知识的时候，其大脑中原有的认知结构便产生了变化，这些变化包括内容和组织两种。奥苏伯尔还提出了三个认知结构变量，这三个变量影响着新知识的学习和保持，可以人为地进行操纵与改变来实现学习迁移。

3. 掌握学习理论

掌握学习理论是由美国心理学家布鲁姆首次提出的。该理论认为，一些学生之所以不能取得理想的成绩，不在于其智慧不足，而是要归因于一些外在因素，如设施或他人的帮助。当这些外在条件达到一种合理的状态时，绝大多数学习者会倾向于具有相似的学习能力和动机。根据该理论，分级教学模式强调不同教学手段的运用，通过这样的方式将不同学习者的潜质激发出来。

（二）分级教学模式的原则

以上对分级教学模式的理论进行了介绍，接下来主要阐述分级教学模式运用于实践中时必须遵循的原则，主要包括循序渐进原则和因材施教原则。

1. 循序渐进原则

循序渐进的思想源于朱熹的"循序而渐进，熟读而精思"。该原则要求教师在教学时不但要遵循知识的内在规律，还要注重教学形式的选择，最终满足不同水平学生的要求。分级教学模式使教师得以在学生英语知识体系的基础上进行教学，采取适合他们的教学方法，从而使学生逐步提高语言技能。

2. 因材施教原则

所谓因材施教，是指教师要根据学生的实际情况，实施有针对性的教学。近年来，高校不断扩招，越来越多的学生得以接受高等教育，但不能忽视的一个问题是学生的英语水平存在较大差异。面对这种情况，教师要充分考虑差异性，否则容易出现水平高的学生学不够，水平低的学生跟不上，这是对教学资源的浪费。分级教学模式全面考虑这些差异，从学生的实际需求出发，提供合适学生的教学方法，以此来提高教学质量。

（三）分级教学模式的实施

在实施分级教学模式的过程中，要注意以下四个方面。

1. 科学合理地进行分级

分级教学的目的不是让所有学生到达同一目标，而是对学生进行分级，然后制定教学目标。因此，在实施分级教学之前，要对学生进行科学、合理的分级。在具体的教学实践中，可以根据试题和一定的标准来进行分级。从试题上来说，可以参考高校英语课程的相关教学要求，根据不同级别的词汇量设置分级试题，在题目的选择上要注意层次性。从分级标准上来说，评判标准要综合考虑客观和主观因素，客观因素即分级测试的结果，主观因素包括学生自身的实际水平和意愿。

2. 提高分级区分程度

目前，大部分高校都是根据高考英语成绩或者入学摸底考试成绩对学生进行分级。然而，这样的分级方式存在一定的弊端，因为考试成绩的高低与主观因素有关，成绩并不能说明一切。例如，有的学生因为几分之差而与 A 班失之交臂，这一点细微的差距不足以表明实际的英语水平差距。因此，有必要提高分级的区分度，使之更加合理。除参考考试成绩外，还应了解学生自身的意愿，在此基础上实现双向选择。学生最清楚自己的英语水平以及兴趣所在，这种双向选择体现了对学生的尊重，化被动为主动，增强了学生的自主选择权，有助于提高他们学习的积极性与自觉性。

3. 实施升降调整机制

所谓升降调整机制，就是对学习者的学习程度进行动态的管理。因为学生的英语水平会随着学习不断地发生变化，所以学生的级别也应该随之进行动态的调整。

4. 制定科学的评价标准

实施分级教学模式容易导致一种现象，即考核成绩不一定和英语水平的高低成正比，由于考核的试卷难易程度、学生发挥程度及学生知识掌握程度存在差异，某次英语水平高的学生不一定比英语水平低的学生差。因此，有必要调整评价标准，使之更加科学。具体来说，可以从以下两个方面入手：①综合考虑考试成绩和平时成绩，最终成绩的评定由总结性评价与形成性评价两大部分组成，即加大平时成绩在最终成绩中的比重；②采用权重的方法统计分数，具体的做法是根据试卷的难易程度设定系数，通过加权算法从宏观上调整两个级别的分数。

二、模块教学模式

模块教学模式是高校英语教学改革的重要组成部分。这是一种系统性的教学模式，以高校英语教学为系统，将其分为知识、技能、拓展三大模块，在不同的学期中进行有针对性的教学，从而提高学生的综合语言应用能力。

（一）模块教学模式的定义

随着英语教学改革的推进，英语教学系统发生了重大的改变。英语教学向着能力化、技能化、多样化、信息化的方向发展。英语模块、教学模式就是在这种转变中被提出的，因此，其在一定程度上反映了时代发展对高校英语教学的要求。模块教学是指通过一个能力和素质的教育专题，在教法上强调知能一体，在学法上强调知行一致。模块教学模式主张提高学生的素质和具体技能，教学中通过集中开展理论、技能、实践等活动来实现教学目标。高校英语模块教学能够丰富英语课程，实现课程的多样化。同时，对于学生来说，模块化的教学形式通过形式丰富的课程，便于提高学生对英语学习的兴趣，调动其学习的积极性。采用模块教学，也能在一定程度上使英语教学贴近时代发展，增强人才培养的时代性。

（二）模块教学模式的展开

高校英语课程教学有不同层次的模块，对于英语水平的划分提出了不同的能力要求。在这种多层次的要求下，高校英语很难通过一整套教学实现人才的全方位培养。英语模块教学模式主张在一定时期内对学生进行阶段性目标的培养。这种观点正好符合教学要求。由于模块教学模式是对整个教学系统的管理，所以其在实施过程中需要教学工作者进行科学的设计。

三、研究性学习教学模式

教学模式改革的目的之一是促进学生个性化学习方式的形成和学生自主学习能力的发展。因此，在高校英语教学中，应实施研究性学习教学模式，才能达到课程教学的要求。此外，实施这种教学模式也是目前高校英语教学改革的大势所趋，能够有效地培养创新型人才，取得了良好的教学成就。下面重点介绍研究性学习教学模式。

（一）研究性学习及其教学模式的定义

20 世纪 50—60 年代，美国芝加哥大学约瑟夫·施瓦布教授在《作为探究的科学教学》的演讲中首先提出了"研究性学习"的概念。施瓦布认为，学生的学习过程与科学家的研究过程在本质上具有相似性。因此，学生应该在日常学习过程中努力发现问题、解决问题，以期获得知识，提高自身的语言能力与研究技能。上述观点在 20 世纪 80 年代的国际教育界得到了广泛关注。

关于研究性学习的含义，很多学者都给出了自己的看法。例如，钟启泉认为，研究性学习是指学生在教师的指导下，从自己的生活中确定研究主题，是一种主动获取知识并应用知识的学习活动。姜瑛俐认为，研究性学习是学生在教师的指导下，用一种研究的方式进行学习，从而发挥主观能动性，掌握知识；这种教学模式的本质是让学生在"再次发现"和"重新组合"知识的过程中进行学习。笔者认为，研究性学习是一种以学生为中心，以培养学生的自主学习能力为主要方法和价值取向，重在研究和发现的一种实践性学习方法。

总体来说，对于研究性学习的定义，学术界主要存在以下两种观点。

（1）研究性学习是在开放的教学环境中，以培养学生研究式学习方式为目标的定向培养课程。在研究性学习教学中，教师需要使学生了解不同的研究方法，从而提高学生的研究技能与学习能力。

（2）从狭义上讲，研究性学习是相对于传统的接受性学习而言的，其通过使用探究性学习和教学方法来提高学习者的学习能力。概括来讲，研究性学习主要有四个特点，即探索性、自主性、创造性及开放性。研究性学习提倡学生在实践中获得学习经验，并形成科学的学习态度，最终提高自身的英语综合应用能力。和传统的英语教学模式不同，在研究性学习教学模式中，学生是学习的主体，是知识的主动建构者；教师是教学活动的组织者、引导者和促进者。

（二）研究性学习教学模式的意义

研究性学习教学模式是一种新的知识观、教学观，是高校英语教学改革的重要模式之一。研究性学习教学模式主张学生平等参与，对学生进行能力教育，同时使其学习方式向深度学习转变，使学生真正成为学习的参与者。下面对研究性学习教学模式的意义进行总结。

1. 研究性学习教学模式能够建立一种新的知识观

传统的英语学习是一种旁观性的学习，学生对知识的吸收主要依靠被动的记忆与课堂教学。研究性学习教学展开的前提是改变学生的知识观，从而使学生树立一种新型的、主动的知识观。在研究性学习教学中，学生能够真正有效地参与课堂活动，从而将课堂知识内化为个人知识。在这种模式下，学生的参与意识得到了激发，他们会在学习中融入自己的热情、经验等。

2. 研究性学习教学模式能够建立一种新的课程观

传统的高校英语教学主要受知识课程观的影响，将关注点放于教学目标与结果上，致使英语课程带有控制性与封闭性；而研究性学习教学模式以能力课程观为指导，在教师的引导下，学生能够根据自己的兴趣爱好进行不同的课题研究，从中提高自主学习能力、独立创新能力。

研究性学习教学模式的能力课程观尊重并鼓励学生的个性化，主张在开放的教学环境中开展活动，反对在教学中过多渗透成人的经验与文化，而是以学生的经验为核心进行教学。学生角色的转变能够使学生对学习进行批评与反省，从而对知识进行重新理解与吸收。

第三节　高校英语教学策略与学习策略改革

教学策略是教师在课堂上为实现预期教学目标所采取的一切有效原则和教学行为，教学策略的制定是提高教学效率和教学质量的必经之路。学习策略是学习者为提高学习效率而有目的、有意识地制定相关学习过程的方案。学习策略的制定有助于学生学习效率的提升，有利于学生学习能力的提高。如今，高校英语教学改革面临着新的形势，在此背景下，无论是教师的教学策略，还是学生的学习策略，都应随之调整和变化，才能达到较好的教学效果和学习效果。

一、新形势下的高校英语教学策略

改革教学策略的运用在很大程度上影响着英语教学的效果。好的教学策略能有效提升教学效果，而不好的教学策略有可能事倍功半。因此，要科学地运用教学策略。在高校英语教学改革中，会经常用到一些策略，以下进行具体介绍和分析。

（一）管理策略

之所以要实施管理策略，是由于教学的动态性特点。在教学过程中，教师为确保教学的顺利进行，往往会采取一定的措施去约束学生在课堂上的行为和活动，从而产生了"课堂管理"这一概念。借助课堂管理，教师主导课堂活动，并调动学生的参与积极性，营造良好的课堂环境，从而达到教学目标。由此可以看出，管理策略有助于教学活动的顺利开展。

1. 管理策略的作用

实施管理策略主要有以下三点作用。

（1）能促进课堂活动的顺利进行。管理策略的实施有助于营造良好的课堂环境，使外在控制过渡到内在控制，提高学生的自律性，不仅能减少学生之间的矛盾与冲突，也可以消灭一些潜在的不和谐因素。因此，课堂管理有助于良好课堂环境的形成，为课堂活动的顺利开展提供了保障。

（2）能促进课堂活动的有效开展。课堂互动主要有两种构成：①人与人之间的互动；②人与环境之间的相互作用。课堂互动离不开课堂管理，两者之间相辅相成。课堂管理是实现课堂互动的有效途径，课堂互动又能更好地促进课堂管理，共同推进课堂活动的顺利开展，既有助于学生获得知识和能力，又有利于教师提升教学质量，还可以让课堂教学避免落入形式化的窠臼。

（3）能激发课堂活力，有利于学生的持久发展。课堂活动能为学生的学习生活注入一股强大的生命活力，让个体的生命价值得以体现。有生命活力的课堂才能称得上是一种课堂生活，才能有效地促进学生成长。

2. 管理策略的原则

在管理策略的实施过程中，有一些需要遵循的原则，关于这些原则，学者们各抒己见，总体概括起来主要有以下两个。

（1）有助于维持课堂秩序。一切管理的目的都在于对秩序的调控，教学管理就是为了维持教学中课堂的秩序，并且这种秩序需要教师和学生共同来维护。

（2）不伤害学生的人格与自尊。在英语教学中，教师要注意保护学生的人格和自尊。当学生出现一些问题时，教师要进行积极的引导，重视学生的情感，尽量避免直接惩罚，在处理问题上要注重公平性和差异性，最重要的一点是要针对出现的课堂问题进行反思和分析。

除以上两种原则外，在具体的教学过程中，教师还要根据具体的情况采取一些管理措施。教学管理的好坏直接影响着教学质量。良好的教学管理既有利于降低教学中出现问题的可能性，也有利于及时应对出现的问题。因此，十分有必要根据学校的实际情况制定行之有效的管理策略。

3. 管理策略在高校英语教学中的运用

管理策略的运用有助于维持教学秩序，具体来说，有纪律管理策略和时间管理策略。

（1）纪律管理策略。维持课堂秩序的重要手段之一是纪律管理。纪律管理能有效地促进教学，其和课堂管理存在一些本质的不同，课堂管理是指针对课堂活动所采取的一系列管理措施，而纪律管理是采用一些标准来考查学生的行为是否适当。课堂纪律管理能够规范学生的课堂行为，促使其健康成长。纪律管理策略主要涉及纪律维持和违纪处理，对于一些比较配合教师工作的学生而言，教师一句警告就能对其产生约束作用，相反，对于不太配合的学生而言，要严肃处理其违纪行为，才能尽量减少对他人的影响。要想较好地纠正学生的行为，教师有必要采取预防措施来应对，尽可能地降低学生发生问题的可能性。可以采取的具体措施有以下三点：①注重师生管理功能的发挥，尤其是学生的自我管理功能，教师要结合实际的课堂情况进行管理和维护纪律；②教师可以通过设计一些有趣的学习任务来调动学生的学习积极性，这样有利于课堂纪律的保持；③教师要正确对待课堂管理和课堂教学两者之间的关系。在传统的教学模式中，教师往往只重视教学而忽视管理，这样容易导致的一个后果即教师投入了很多精力来教授，但许多学生根本没有用心听讲，教学效果依然不见好转。

（2）时间管理策略。所谓时间管理策略，顾名思义就是教师要对教学时间进行有效管理，以实现教学效率的提高。教师可以通过以下四个方面做好时间管理：①要采取必要的措施来提升学生的学习积极性和兴趣；②教师要尽量做到教学的连贯性，不至于让学生处于无事可做的境地；③教师要对课堂时间进行合理的分配，根据课程表的安排，对自己的教学时间和学生的学习时间进行合理的安排；④教师还要鼓励学生学会管理自己的时间，以此提高学习效率，取得良好的学习效果。

（二）提问策略

1. 提问策略的作用

提问策略主要指教师通过提问的方式来了解学生的学习情况，并根据学生的回答来判断和检查学生的学习效果。从学生角度看，提问策略在某种程度上可以调动学生的学习积极性和参与意识，还可以促进学生思维的发展。从教师角度看，提问策略有助于教师对学生存在的问题进行解答和分析，有助于教师对学生学习过程中的细节问题进行检查，有助于教师了解学生对知识的掌握程度。

2. 提问策略的原则

在教学过程中，提问是一种十分常见的活动。看似简单，实际上也有一定的原则，只有遵循了这些原则，提问的作用才能得到充分发挥。

（1）主题性原则。教师在进行教学安排时，每堂课都应该围绕某一主题展开。因此，提问也必须紧扣主题，主要针对重难点。提问的顺序应该先浅后深，循序渐进，不要提与主题无关的问题。教师在提问过程中，可以采取连续问话的方式来加深学生对知识的理解和认识。

（2）启发性原则。教师在提问过程中还要注意问题的启发性，因为具有启发意义的问题能够激发学生的求知欲，从而引发学生去思考和探究，有助于学生创造能力和思维能力的提高。具体来说，教师要根据课程的特点进行提问：当遇到学生的回答过于简短的情形时，教师可以适当地进行追问，以此让学生详细解析自己给出的答案，并进行丰富和拓展，达到启发学生思维的目的；另外，教师要针对一些重、难点提问，并在学生回答时给予点拨，帮助学生攻克学习难点。具有启发性的问题能有效启发学生的思维，促进其认知结构的形成。

（3）兴趣性原则。兴趣是学习最好的老师，因此教师在提问时要注重激发学生的学习兴趣。具体的做法如下：教师要结合学生自身的心理特点进行提问，所提出的问题要兼具挑战性和启发性；另外，教师要尽量在最佳的时机进行提问。这种做法有两种情况：第一种情况是当学生的思维处于高度活跃的状态时，教师可以提出一些没有固定答案，需要发散思维的问题，如一些推理性的问题，以此来引导学生对课堂上学习的知识进行消化，并让学生保持积极的思想状态；第二种情况是当学生的思维处于不太活跃的状态时，教师可以提出一些问题来引导学生对所学知识进行巩固和强调。

（4）互动性原则。提问过程是师生双方进行互动的过程，因此要遵循一定的互动性原则。在提问互动的环节，教师要保持一种温和的态度，让学生能够放松心情，畅所欲言，并在学生回答的过程中仔细聆听，待学生回答完毕，教师进行点评时也要注意说话语气，尽量使用鼓励性的口吻，以此来激发学生的求知欲。此外，教师还可以请学生主动提问，积极参与课堂活动，共同营造一种和谐、轻松的学习环境。

二、新形势下的高校英语学习策略改革

学习策略在语言学习中起着十分重要的作用，它为学生提供了基本的思路和行为思想，能够有效地促进学生的学习。语言学习的成败在很大程度上取决于是否具备科学的学习策略。以下内容是对学习策略的具体分析。

（一）认知策略

认知策略是指学生对待一项任务所采取的方法。其与学生大脑中的知识构成紧密相关，是为了完成某种目的而形成的行动思路，在高校英语的学习中有着十分重要的作用。

1. 认知策略的内容

认知策略的内容可以概括复述、组织、猜测、联想、演绎、归纳、总结、意象、迁移、注意、精加工和简化十二项内容，具体的含义分别如下。

（1）复述：对大脑接收的部分信息进行复述，形成记忆。

（2）组织：将有关概念和词语按照一定的属性进行归类。

（3）猜测：根据一定的信息进行结果预测，或是猜测词语的意思，对空缺的信息进行填充。

（4）联想：将所学到的知识进行联系。

（5）演绎：根据一些既定的规则来对语言进行理解。

（6）归纳：根据一些案例对规则进行总结。

（7）总结：为形成较深的记忆，要周期性地总结所接收的信息。

（8）意象：通过视觉表象的方式来理解和记忆接收的新信息。

（9）迁移：用已有的语言知识结构带动新知识的学习。

（10）注意：将思想集中于与学习有关的重要信息，并保持对信息材料的高度警觉。

（11）精加工：对已有的信息进行加工，将其整合为新的信息。

（12）简化：运用简单的方式，如数字、符号、缩写、关键词等来进行信息的存储和记忆。

2. 认知策略的培养

作为重要的英语学习策略之一，认知策略也是学生应该具备的一种能力。认知策略具有程序性特征，因此该策略的学习方法要适应其特点，并要让学生进行有意识的运用。

（1）举例示范。认知策略从本质上来说属于一项内在技能，体现了人类认知世界的规律。这种体现是内在的，无法从外部被感知。因此，教师要传授这种规律和概念，直观演示的方法不可行，只能用举例示范的方法，但如何在示范中让学生领略到策略

的应用又是一大难点。

（2）反复练习与运用。学生在对认知策略的学习中会接触到一些高度概括的概念和规则，这就使认知策略的运用具有很大的灵活性。因此，短期的训练根本无法使学生从规则中获得一定的认知行为，要想让学生具有较强的认知策略，就得让学生接受一段长期和反复的教学和练习过程，这样方能取得一定的效果。

（3）符合认知发展水平。认知策略必须建立在学生认知能力的基础之上。因此，学生认知发展水平的高低会影响认知策略的养成。对低一级智慧的掌握是习得智慧和技能的唯一途径。从这一角度来看，学生对认知策略的掌握也与其认知发展水平有着很大的关系。例如，在学生没有分类概念的情况下，教师很难使其用分类的方法来对知识进行记忆。

总而言之，高校英语教学的改革要求教师不再只是单一地传授基本的语言知识和语言技能，同时要注重对学生认知策略的培养，这样才能真正有利于学生学习效率的提高。

（二）自主学习策略

自主学习是指学习者在无他人指导的情况下能够主导自己的学习。目前，对自主学习的看法有两种：一种认为自主学习是一种能力，另一种则认为自主学习是一种行为。如今，越来越多的人开始重视学习者的自主学习。之所以大力提倡自主学习策略的培养，是因为其有以下两方面的作用。

1. 自主学习策略的习得是学生实现个体发展的需要

从我国实施英语教学课程以来，国家和学校都致力提高学生的英语水平，并投入了大量精力和财力。在传统的英语教学模式中，教师只注重"教"，即教师一味地输出知识。这种传统的教学观念显然忽略了学生个体之间的差异，过度强调唯一性和标准性。学习风格会对学习产生直接的影响，而不同的学生学习风格自然不同。这种风格上的不同有先天的因素，也有后天的因素。先天的因素显然无法改变，但后天是可以采取一些手段进行改善的，如对某些风格上有缺陷的学生而言，可以加强其自主学习能力的培养，帮助其提升学习效果，使个人得到更好的发展。

2. 自主学习策略的习得有利于发展终身教育

随着科技的不断发展和进步，职业要求也随之不断攀升，仅凭学校所学的知识，已经跟不上时代的步伐，只有掌握了自主学习策略，才能随时补充知识，促进自我价值的实现。因此，在个人的终身教育中，自主学习起着十分重要的作用，在终身教育体系观念中，教育具有长久性，是人们终身的活动并且渗透在工作和生活之中。因此，学生只有具备这种意识，掌握自主学习的能力，才能适应时代的不断变化和发展。

综上所述，对学生自主学习能力的培养不仅是实施终身教育所需，也是高校英语教学改革中重要的环节。为适应时代的变化，教师要不断充实自己，转变教学观念，调整自己在教学中的角色，还要注重对学生自主学习能力的培养。虽然相较于城市学生而言，农村学生难以很快适应大学新的教学模式，但只要教师能从农村学生的具体特点入手，并采取有效的教学措施，就能够加快农村学生对高校英语教学模式的适应，提高其英语综合运用能力，更好地掌握自主学习能力。

第四节　"互联网＋教育"的内涵与特点

教育信息化是针对教育教学过程中对信息的获取、传递、加工、再生和利用而言的，其以信息网络为基础，信息资源是核心，而信息资源和信息技术的广泛应用是目的。当然，信息化作为一个社会过程，必然也要受制于人们的观念、理想、意志、技能以及团体利益、社会组织机构等。因此，教育信息化应有与之相应的保障体系和保障机制。

教育作为人类社会中一个特殊的现象，其产生与发展是随着社会的产生与发展及物质生产的发展而实现的。

19世纪末期，现代工业生产快速发展，机械化水平越来越高，生产方式和管理方式越来越先进，社会对人才的要求也越来越高，主要体现在人才层次、人才数量和人才质量上。为适应社会发展和满足社会需求，教育领域必然会做出相应的改革，包括对教育思想、教育观念、教育方法、教育结构等各要素的改进。

另外，自然科学从文艺复兴到19世纪末得到了较快的发展，不管是理论研究还是应用研究，进步都很大，主要代表有电磁学、光学等，这就为人们采用更有效的方法和途径进行信息传递提供了方便。社会需求和科技进步这两个方面决定了"互联网＋教育"的产生是必然的。

一、"互联网＋教育"的内涵

（一）以互联网为依托

从本质上说，教育的过程是由信息的产生、选择、存储、传输、转换以及分配等一系列环节组成的系统工程。在这个工程中所采用的多媒体技术、电子技术、信息处理技术、网络通信技术等各种先进技术都属于信息技术。在教育中引进这些技术，可使信息传播速度更快，教学效率更高。当今社会，知识迅速增长，在这个环境下，教学效率备受重视，教学质量的提高首先需要提高教学效率。

（二）强调以学习者为中心

以学习者为中心是信息技术教育学科强调的一个重要观点。具体表现为在确定教育目标时，使社会的要求、学习者的需求都得到满足，鼓励学习者发展的多样化；在选择教育内容时，要以学习者需要学和适合学的内容为主；在选择教育方法时，鼓励学习者自主学习和小组合作学习，培养学习者的合作能力、团结意识、人际交往能力等非认知技能，使其更好地适应生活；在安排教育形式时，以灵活的形式为主，与学习者的学习、生活相协调，巩固终身教育的地位。

（三）使教育资源的配置更加合理

互联网的普及使社会成为一个密不可分的整体，学习者可从自身的学习目的、学习需求出发对学校、课程及教师进行自由选择，学校之间、学校与社会之间逐渐失去了明确的界限，社会教育资源将因学习者的需求而合理分配，人为因素的影响会越来越弱，社会人力、物力、财力等资源将会得到更加充分的运用。

二、"互联网 + 教育"的特点

互联网在教育中的应用是非常广泛的，通过对学习过程和学习资源的高效开展与利用，直接推动了教育的发展，并表现出"互联网 + 教育"发展的时代特征，具体表现如下。

（一）以学生为本

教育是为了培养符合社会发展的高素质人才，满足社会发展的要求，因此在教育过程中，非常注重学生的发展需求，并鼓励学生个人发展需求与社会发展需求的统一。

在"互联网 + 教育"的应用过程中，教学过程的开展不是要考虑教师应该教什么和如何更好地实现教师的教学，而是要将教学思考的重点放在学生需要学什么和如何更好地促进学生的学习方面。互联网技术的使用就是要更好地促进教师的教学过程的顺利开展，最终实现学生的身心健康发展，为满足学生的发展需服务。

（二）凸显教师

技术的发展依赖于人的创造，技术的应用依赖于人的实施，在教育技术发展过程中，技术的创造、创新与应用越来越重视人的作用。

在教育过程中，教师是一个非常重要的角色，也是最重要的教学资源。随着互联网技术的发展，教育对教师的要求越来越高，人工智能的发展虽然可以"代劳"教师的一部分工作，但是，教育离不开教师的参与，教师的作用是不可替代的。

现阶段，随着社会发展对教育要求的提高，对教师的素质要求将会更高，教师实施教学，不仅是将知识直接输出给学生，教师在教学中对教学技术的应用水平也直接关系到学生对知识的吸收与掌握程度，优秀的教师能选择和应用最佳的教学技术与教学技术组合，从而为学生提供丰富的学习资源，引导和促进学生的知识体系构建。

新时期，随着互联网技术和人工智能技术的飞速发展，"互联网＋教育"在教育实践中的应用，更应关注人的因素，既包括教学技术的实施，也包括新的教学理论、思想观念、方法等的引入。

（三）可选择性

"互联网＋教育"的发展是与新时期的科学技术的发展不断相适应的，教学技术对教学的发展促进使学生和教师有了更多选择，在教学技术应用上表现出不同教学技术的"适者生存"。

每次科学技术的发展都是一场科技革命，在新的技术革命中，会有各种新技术被提出并运用于教育实践，哪一种技术的教学应用最有效，就能被最终保留下来，并进行广泛的教育推广。

在这里必须指出的是，信息技术教育的技术选择性更多地表现在有形的物质教学技术上。例如，在美国，1924年诞生的教学机器，发展到20世纪60年代时多达83种，但随着个人计算机的运用，很多教学机器都被淘汰了。先进的教学思想、教学方法的影响会持续发挥作用，并不会在新思想提出之后被否决。

（四）非替代性

"互联网＋教育"的非替代性具体是指教学技术的发展是非替代性的。任何事物的发展过程都是一个"以新换旧"的过程，都是新思想、新方法、新工艺、新技术对旧的思想、方法、工艺、技术的代替，但"互联网＋教育"的发展并非如此，一个新的教育技术出现以后，旧的教育技术并没有马上退出历史舞台，就如同当前信息化时代，多媒体教学技术（幻灯片、投影或者电视辅助教学）、网络教学技术（利用多媒体计算机网络为核心技术进行教学）不断发展与更新，但是传统的教学形式依然存在，并且始终发挥着不可替代的作用。

"互联网＋教育"的发展是一种累积性的发展，并不是后一阶段的技术体系简单地替代前一阶段的技术体系，随着"互联网＋教育"的发展，教育体系内容日渐丰富、教学手段日益多样化，教师和学生在课堂上有了更多的选择。

第三章 "互联网+"背景下高校英语教学内容创新

第一节 "互联网+"背景下高校英语词汇和语法教学创新

一、"互联网+"背景下高校英语词汇教学

在高校英语转型深入开展的背景下，英语水平一般、单一专业的高校毕业生已经与当今社会的实际需求不相适应，他们的就业形势相对堪忧。同时，高校英语教学作为中国高等教育的重要组成部分，也必须不断自省、不断转型、不断优化，努力承担起培养复合型、应用型人才的任务。学习英语不仅是掌握英语的过程，也是接触、认识另外一种文化的过程。高校英语教师在英语词汇教学中要关注中英语言词汇的文化差异，在教学中要强调词汇的文化内涵。

（一）词汇教学概述

1. 记忆规律

在词汇教学过程中，"遗忘率高"一直是困扰很多外语学习者的重要问题。所以，为使学生在脑海中快速、长久地记住词汇，英语教师应该对大脑的记忆规律有一定的了解。

（1）记忆系统的特点。大脑在记忆的时候往往显示出一定的特征。总的来讲，这些特征主要表现为有意识记忆的效果更大；理解记忆的效果更佳。从上述记忆系统的特点来看，人类的记忆往往遵循一定的规律。

（2）大脑遗忘的客观规律。人们在记忆的过程中往往会产生遗忘现象。艾宾浩斯发现了人类记忆遗忘的规律。他认为人们在学习以后便立刻开始遗忘，提出"保持和遗忘是时间的函数"，并在实验结果的基础上绘制成描述遗忘进程的曲线。根据遗忘曲线，学生学到的知识若不及时进行巩固的话，遗忘的速度逐渐下降，数量也会逐渐减少。若英语教师及学生充分认识到大脑的遗忘规律，那么不仅能够在短时间内记住更多的词汇，也能将短期的记忆转变成长期的记忆。

2. 词汇教学的具体意义

实践证实，词汇所表达的意义较为丰富，不仅包含自身的概念意义，还包含内涵、情感、社会等方面的深层意义。了解词汇的意义有助于教师及学生全方位地把握词汇。

下面笔者详细地对词汇及词汇教学的意义进行介绍，以期促使学界认识到词汇教学的重要性。

（1）词汇的具体意义。

第一，情感意义。在人与人之间的交际活动中，参与交际活动的双方往往不单单运用词汇来传输某种信息，还将情感意义蕴含在所要表达的词汇中。情感意义是指说话者对所讨论的主题或者对事物所持有的态度以及说话者在词汇中所表达的喜、怒、哀、乐等的情感。

第二，语境意义。词汇的意义与语境之间存在紧密的联系，特别是在英语文章中，词汇的意义会受到文章内容的束缚。在词汇教学的过程中，要求英语教师尽可能运用多种方式使学生深入了解词汇的意义与语境的内在联系。

（2）词汇教学的具体意义。词汇教学往往被视为英语教学的一个基础环节，词汇教学的成效关系到整个英语教学的实际成效。因而，在教学中注重词汇教学是非常必要的。以下主要介绍词汇教学的相关内容。

第一，开展词汇教学的必要性。由于应试教育的观念深入人心，有相当一部分英语教师为提升学生的英语成绩，过于关注语法、阅读、句式转换等基础教学及各种应付考试的妙招，忽略了词汇教学的地位，这大大减少了词汇教学的时间，这就导致学生失去了学习词汇的乐趣，降低了词汇教学的成效。长期下去还会让学生产生恐惧心理。所以，词汇教学在整个英语教学中发挥了重要的作用，这就要求我们务必加强词汇教学。

第二，词汇教学的重要作用。词汇教学在英语教学中发挥着极为重要的作用。但是，传统的英语教学并未认识到词汇教学的重要性。受直接教学法的影响，英语教学中过分强调语法结构，词汇教学被控制在了很小的范围内。1993年，路易斯提出了著名的英语教学的词汇法。他认为，词汇和句法是不可分割的，在二者之间存在着一种词汇块。路易斯的词汇块观点对语言教学产生了显著影响。如果学生对这些语言板块有深入的了解，便能够有效提升自身的英语交际能力，这种作用突出体现在以下两个方面。

第一个方面，如果学生能精准掌握这部分预先制定的语块，就能够使其流利地与他人进行口语交流。中国学生长期受应试教育的影响无法将词汇运用到英语交际中。掌握这些语块，有利于学生按照语块的搭配将单一词汇转换成通顺句子，长此以往，学生的口语表达能力也会得到提高。

第二个方面，如果学生精准掌握这部分预先制定的语块，也能够在一定程度上提升自身阅读英语的能力及听力的能力。由于学生进行词汇学习时，往往单纯地记忆词汇的含义，导致在阅读理解时不能理解长句或语篇的内容。听力练习中学生仅是听到了某个词汇，但是未从语块的角度出发听懂听力训练的全部内容。

由以上可知，词汇教学在高校英语教学中发挥着至关重要的作用，能够有效提升学生的听力、口语、阅读、写作、翻译能力。这就要求教师在词汇教学中，采取正确的方法引导学生的学习，减轻学生的学习负担，提高学生的词汇学习质量，注重培养学生的思维能力，让学生主动地进行词汇学习。

3. 词汇教学的发展现状

现阶段，我国高校的英语词汇教学出现了各种各样的问题，笔者主要对以下这些问题展开论述。

（1）呈现方式单一。

第一，英语教师在教学过程中要充分采用举例的教学方法。我国部分学者对举例教学的方法进行了研究，结果发现举例的教学方法能够精准地、快速地、生动地将词汇呈现出来，举例是呈现英语词汇的一种最佳方法。

第二，在情景化的环境中，学生可以自己体会单词在发音、拼写、词义、用法以及语法等各方面的信息。英语教师在词汇教学的过程中也可以设置模拟情境，以使学生在愉悦的环境中尽快掌握单词。

（2）忽视教学细节。英语词汇课程教学中的细节主要包括以下五点。

第一，单词词义，课文与词汇表的处理。

第二，单词的英语解释和汉语翻译。

第三，班级活动、小组活动、双人活动。

第四，多媒体示范及口头上的教学。

第五，典型教材及日常生活中的语料。

上面列举细节的重要程度、先后顺序、主次地位还有待英语教师深入研究。在实际的英语教学活动中，英语教师应在特殊的教学环境中结合学生的实际情况，挑选适宜的教学方法。

（3）与学生的生活联系不紧密。在呈现词汇的时候，有相当一部分英语教师主张学生直接从词汇表中进行学习，此种教学方法和学生的日常生活并未发生直接的联系，也就不能激发学生学习的积极性。为了提高教学的有效性，英语教师在呈现词汇时要与学生的实际生活联系起来，如此便可激起学生的学习兴趣，从而产生持久的记忆力。

（4）欠缺系统性的词汇教学。人们普遍认为世间万物均是依照某种特定的系统而组合在一起的，词汇教学当然也是这样。语篇资料的主旨与高校英语教学之间缺乏密切的联系，那么学生在记忆、转述、运用这些词汇的时候，便没有办法遵循特定的规律，也就无法提升自身的学习效率。我们可以认为，欠缺系统性的词汇教学是导致学生学习词汇时容易遗忘、进步缓慢、效率低下的主要原因。

总的来讲，欠缺系统性是高校英语词汇学习效果下降的一个主要原因。只有解决了这个严重问题，将高校英语词汇的学习归入系统学习的轨道中来，学生才能够真正了解词汇的意思，从而灵活地运用词汇。

（二）文化差异与词汇教学

1. 文化差异对英语词汇含义产生的影响

实践证实，文化差异会对词汇的含义产生一定的影响，这种影响集中反映在动物词、颜色词和习语三个方面。

（1）文化差异对动物词含义产生的影响。一般情况下，我们认为动物和人类之间保持着密切的联系，而与动物相关的词汇所展现的文化也具有一定的特殊性。然而，英语及汉语两种语言中对动物词的运用也存在较大的差异。

进化特殊性使人们对动物词文化认知方面存在差异：

第一，相同的形式，不同的含义。在特定的情况下，相同的形式会呈现不同的含义。下面笔者主要以三个例子进行探讨。

第一例，凤与"phoenix"。处于英语及汉语两种文化中的人们对"凤"及"phoenix"的认识也存在较大的差异。在中国文化中，凤往往被视为一种带有吉祥意义的神兽。这一动物文化意象象征着吉祥、美德，人们认为它能够给人类带来安宁和幸福。在我国古代社会中，人们往往用龙来指代帝王，用凤来指代皇后。除此之外，我国社会中还出现了"龙章凤姿""乘龙配凤""龙凤呈祥"等表述。而在英语文化中，"phoenix"也被视为一种神鸟，但"phoenix"往往带有再生、复生的内在含义。

第二例，牛与"cow"。中国人往往将牛视为农耕民族的代表，而牛也被古人视为最主要的生产工具。因此，牛在汉语文化中是强壮、勤劳、倔强的象征。而在西方文化中，也出现了牛的说法，但是此时的牛往往带有贬义的色彩。

第三例，猫与"cat"。在中国人的心目中，猫往往是和善、乖巧的代表，带有亲切的寓意。父母在特殊的情况下还会用小猫咪来描述自己的子女，年轻的情侣之间往往也会有这种昵称。而在西方的语言文化中，"cat"则是恶魔的化身。中国人和西方人在看到"cat"时，可能会产生完全不同的联想。例如，"old cat"指代脾气不好的老太婆，"barber's cat"指代面黄肌瘦的人，"as sick as a cat"指代病得像猫一样。

第二，相同的意义，不同的形式。在特定的情况下，相同的意义也会呈现不同的形式。这主要是因为不同的生活方式、文化习惯等会赋予词语不同的喻体。例如，在汉语文化中经常会说"热锅上的蚂蚁"，英语文化则用"Like a cat on hot bricks"来表示。

一般进化使对动物词文化认知产生共性

通常情况下，我们认为人类文化的一般进化规律使其所处的社会文化环境、条件等方面呈现一定的共性，继而使处于不同文化背景下的人们也会产生相同的生活经验及感悟，在对动物词的认知方面也出现了较多的共性。

（2）文化差异对颜色词含义产生的影响。在英汉两种语言中，虽然颜色词仅占所有词汇的一个极小的部分，但是由于中西文化存差异，同一种颜色在不同民族中出现了不同的联想。以下主要从四种颜色词来具体介绍汉语及英语两种文化之间的差异。

红色与"red"。在汉语文化中，红色是人们最推崇的一种颜色，红色往往代表着欢庆、欢喜、吉利、美满的寓意。例如，红光满面的老人，红红火火的日子，一袭红衣的新娘。而在西方文化中，"red"往往带有明显的贬义色彩。"red"不仅象征着残暴、流血，还常常用来指负债或亏损。

绿色与"green"。在汉语文化中，绿色所扩充出来的含义往往较少，绿色通常代表了春天、春意盎然、朝气蓬勃的寓意，带有明显的积极色彩。同时，绿色也象征着生命、青春、环保、和平、友善、恬静清新、宁静和谐、希望。在英语文化中，"green"所引申出来的含义相比汉语文化要多得多，绿色能够用来指代崭新、青春活力、忌妒、缺乏经验等。例如，"green hand"指代新手，"green eye"指代红眼病，"green meat"指代青菜，"green with envy"指代十分忌妒。除此之外，由于美元的背面是绿色的，因而人们称美钞为"greenback"，并由此延伸出"green power"。由于西方人将"green"视为安全的一种象征，西方股票市场上还用"green"来指代股票价格上升。

白色与"white"。在汉语文化中，白色也会是一种禁忌性词汇，白色往往与逝世、丧事等词语紧密联系在一起。除此之外，白色还代表着失败的寓意。例如，战争中实力不济的一方往往会打着白旗来表示投降或者屈从。在西方文化中，"white"往往代表着纯真、文雅、明净的寓意。西方的牧师通常穿着白色的袍子，"white"往往代表着神圣及光明的寓意。而这一含义也扩展延伸到新娘结婚时身着白色礼服。其他的一些惯用表达，如"white market"寓意合法市场，"white lie"寓意善意的谎言。

（3）文化差异对习语含义产生的影响。习语也是文化的一种载体，承载了丰富的文化意蕴。文化差异会对英语的习语产生较大的影响。西方人喜欢用辩证的方式看待事物，习惯用一分为二的视角对事物进行研究分析，并非常注重逻辑思维能力。因而，英语习语往往十分注重习语及其表述的逻辑结构。例如：

Born and bred　土生土长的

Blowing hot and cold　翻云覆雨、反复无常

Walk on air　飘飘然、得意扬扬

除此之外，西方文化中所呈现的等级制度也没有汉语文化中的严苛。这主要是因为西方人通常推崇自由平等的价值理念。但是，西方国家个人主义观念强烈，这种文化理念也突出显示在习语表述中。例如：

Fortune favors the bold.

天佑勇者。

2. 文化差异对词汇理解产生的影响

英语中很多词汇都有着深厚的文化渊源。同时，文化差异往往又会对词汇理解产生影响。在英语词汇教学的过程中，应该充分认识到文化差异对词汇理解所产生的影响。为深入探究此种影响，笔者主要从地名、人名及典故有关的词汇来进行具体论述。

（1）与地名有关的英语词汇。英语有一部分词汇用来指代某种物品或者事物，这部分词汇主要映射了这些物品及事物的来源。例如：

china（瓷器）——源自中国 China

japan（日本漆，日式漆器）——源自日本 Japan

champagne（香槟酒）——源自法国东北部香巴尼地区 Champagne

hamburger（汉堡包）——源自德国北部城市汉堡 Hamburg

（2）与人名有关的英语词汇。英语中存在大量从人名引申而来的词汇，这些词语一般都是一些专有名词或是某个学科的专业术语。有一部分词汇是因为这些人物在某一领域中做出了突出的贡献，当时的人们为了纪念这些人物而将其姓氏纳入英语词汇中。例如：

Kelvin（开尔文）——源自英国物理学家 Lord Kelvin

Newton（牛顿）——源自英国物理学家、经典物理学理论体系的建立者 Isaac Newton

Baedeker（旅游指南）——源自德国旅游书的出版商 Karl Baedeker

（3）与典故有关的英语词汇。英语词汇中还有一部分词汇的含义是从典故中引申出来的，每个词汇的含义均有一定的历史出处，这一点与汉语中的成语极为相似。一般而言，大部分英文词汇都有其产生的特定背景，圣经故事、希腊神话及西方社会的风土人情对西方社会有着深远的影响，这种影响渗透于文学、艺术、哲学等各个领域，成为西方文化的重要组成部分。人们对这些神话故事及圣经故事异常熟悉，便将其视为语言的一个有机组成部分，而英语有一部分词汇便来源于这部分希腊神话和故事。例如，"cereal"一词也来源于希腊神话。在希腊神话中，宙斯的姐姐克瑞斯（Ceres）往往被视为谷物及丰收女神。古罗马人及古希腊人均制定了相应的节日来祭奠克瑞斯，渴望受到她的庇佑，在农业上有大的收获。英语中"cereal"一词便是由 Ceres 演变而来的。

（三）"互联网 +"时代词汇教学的方法

1. 利用联想进行词汇教学

利用联想来进行词汇教学就是指在词汇教学的过程中鼓励学生通过各种适宜的联想来理解词汇。英语教师可以用学生比较熟悉的事物或例子来引导学生进行联想学习。例如，"natural disaster"这一短语会让人们联想到一系列的自然灾害，如"earthquake""typhoon""tsunami"等。英语教师便可以在为学生教授"natural disaster"一词时，添加上述所列的自然灾害类词汇。利用联想进行词汇教学的方法是词汇教学的一种有效方法。由于英语文化往往囊括了多个方面的内容，要想使学生熟练掌握各种词汇并合理地运用词汇，应该使学生深入了解英语文化。同时，还要对讲英语的国家及地区人们的思维方式及语言习惯有一定的了解。

2. 在传输文化知识的同时教授英语词汇

在传统的高校英语词汇教学过程中，有相当一部分英语老师单单注重为学生讲授英语词汇的含义及使用方法，往往未涉及与英语词汇相关的文化知识。对我国大学生而言，往往会造成难理解、难记忆等方面的困难。那么，英语教师在开展词汇教学时，便应该依照这部分学生学习的知识、探究问题的特征，适当地为学生传输与所讲授英语词汇有关的文化知识，以此提升学生的文化观念。

3. 利用语境进行词汇教学

英语中的语句、章节均是由各种单词及短语组合而成的。换言之，英语单词、短语也离不开语句及章节，因为离开了具体的语句的语境，人们便不能明确这个词汇的具体含义。一些英语教师往往脱离上下文的语境孤立地讲解词汇。此种教学方法不仅不会使学生正确掌握词汇的含义及相应的语法，还会使学生逐渐失去学习词汇的积极性。那么，在进行词汇教学时，英语教师应该将词汇置于具体的语境中，引导学生通过阅读这一途径来学习词汇。

通常情况下，英语词汇的含义与其汉语解释之间存在相互对应的关系。进行词义解释的最好方法就是尽量使用简单、常用的英语来解释英语。使用英语解释的教学方法，既能够使学生正确掌握英语词汇的准确含义，提升学生的思维能力及洞察能力，还能够有效地扩充学生学习英语的信息含量，进而提升学生的多元文化交际能力。

二、"互联网 +"背景下高校英语语法教学

语法是语言学习的一个重要节点。合理的语法学习有利于更好地实现英语语言的交流和沟通。笔者主要通过对英语语法教学进行概括性描述，而后分析文化差异对高校英语语法教学的影响，最后探究多元文化融合视角下高校英语语法教学的方法，以期使学界对高校英语教学有更深入的了解。

（一）语法教学的发展历程

1. 第一阶段

第一阶段主要是指 16—17 世纪。在这个发展阶段，"语法"往往被视为拉丁语法的同义语，在最开始出版的英语语法教材中，语句结构及词形也是根据拉丁语的词形及语句结构来推定的。

2. 第二阶段

第二阶段主要是指 17—19 世纪。在这个发展阶段，英语语法教学出现了突破性的进展，规定性的英语语法广泛出现。1755 年，约翰逊编著了第一部《英语词典》。这部词典规定了英语词汇的发音、拼写、释义和用法，标志着现代英语标准语的正式开始。

19 世纪 50 年代以后，结构语言学逐渐在社会上流传开来。结构主义语法把句子看作不同平面的结构，分别可以从语音、形态、句法三个平面对句子进行分析。在具体分析语句结构时，大部分结构主义语法会使用直接分析成分的方法。他们先将句子划分成主谓两个部分，这就是直接成分；然后将直接成分进一步划分，直到在同一语言层次上不能再作更小的划分时为止。

3. 第三阶段

第三阶段主要是指 19 世纪后期至今。19 世纪末期，规定性语法受到描述派语法的挑战，描述派主张将英语语法现象总结起来，构成英语特有的语法体系。描述性语法强调观察之后的总结和发现，在对客观存在的语法现象进行观察之后，用总结的方法来形成自己独特的语法规则，而不是生搬硬套其他语言的语法规则。

（二）语法教学的必要性

高校英语语法教学的质量对学生了解及运用英语语法产生了直接的影响。高校开展英语语法教学的必要性集中表现在以下三个方面。

1. 巩固基础英语

语法往往被视为构成语言的一种主要方式，语法教学是英语教学的基础环节。高校英语语法教学的主要任务是帮助学生学会运用词语来组织句子的规则，学习语法知识对语言学习具有调整功能。学生可以通过对语言材料的模仿生成很多新的句子，但是这些句子中有很多句子因为学生语言能力的不足而无法正确表达。语法知识可以对这些表述不清楚的句子进行调整，使其成为表意清晰明确的句子。在高校英语教学中，课堂以外的英语实践活动少之又少，因而课堂上的英语语法教学就显得尤为重要。

2. 提升英语听力及口语能力

语法教学能够有效提升学生的听力及口语能力，使他们精准地进行英语交际。语法作为语言组织的规则，它能够让学习者在有限的词汇量下按照一定的语法规则创造出无限的句子。英语语法教学往往围绕交际任务而开展，在交际活动中适量地添加一部分语法知识，能够使人们精准地传达自己的思想。

3. 确保英语技能的可持续发展

英语作为一门在工作和国际交流中的重要语言，在国际交流及未来的人际交往中发挥着重要的作用。高校作为培养人才的重要基地，更应该加强语言知识及技能方面的教学活动，以便学生在毕业以后也能够继续自发地学习语言相关的知识及技能。培养学生继续学习的能力也是高校英语教学活动的主要任务，而牢固的语言知识及技能能够使学生有效地开展自主学习。

（三）语法教学的发展现状

1. 语法教学方式单一

从目前高校英语语法教学的实践来看，大部分英语教师会首先为学生讲述语法的基本概念及运用原则，进而开展相应的练习；也有一些英语教师在课堂上花费大量的时间来讲解语法的使用规则，因而占据了大量的课程时间及学生学习的时间。

2. 欠缺系统的总结及梳理

大部分学生已经对语法项目有了一定的了解，一谈论到语法便能够想到时态、语态、虚拟语气等，然而若提到具体的语法条目，大部分学生可能会比较困惑，脑海中并未形成整体的认识或者完整的结构。因此，教师对英语语法进行的总结和学生自己的总结和梳理都十分必要。

3. 语法教材与大纲不符

教材是课程教学的主要出发点及立足点，教材的质量会对教学方式、教学任务、教学目标等产生直接的影响。然而，目前大部分语法教材与大纲不相符合，更有甚者与学生的交际需求完全脱节，这种现象不仅制约了英语教师的教学活动，还会对学生的实际运用能力产生不良的影响。目前，一些学者提倡用交际语法教材替代传统的语法教材，并将与交际能力相关的功能、语境、社会文化知识等因素融入教材中。还有一部分国外教材主张将传统的语法大纲及结构大纲、情景大纲、功能意念大纲相互融合在一起，并在语境的基础上开展语法练习活动。

4. 学生对语法学习失去兴趣

语法学习的过程较为枯燥、使用规则较多、内容较为零散，而且需要学生进行重复的学习及使用。经过相关调研，我们发现有相当一部分学生对语法学习失去了兴趣，即便能够记住这部分规则，在具体使用的过程中也并不会灵活运用。这在无形中也对教师的语法教学技能提出了更高的挑战和要求。英语教师只有将学生的学习热情融入语法教学中，并不断拓宽教学方法，提升语法教学的实际技能，采取多种多样的语法教学方式，才能最大限度地调动学生的学习热情。

（四）文化差异与语法教学

1. 关注母语文化对英语语法学习的影响

在英语教学的过程中，有一部分教师往往会将母语与英语的特征放在一起进行论述，这在一定程度上推动了语言学习的进程。在学习第二语言的过程中，若母语文化未发挥推动及认可的作用，那么便会在一定程度上影响第二语言的学习进程。若人们对母语及第二语言之间的文化差异认识不够透彻，或者用母语的思维方式及结果来推定英语的内容的话，便会出现错误现象。同时，若将英语单词不假思索地放进汉语的结构中，还会出现汉语式英语的现象。例如：

Your body is very healthy.

你的身体很健康。

该例子便是汉语式英语的典型示例。若我们深入了解英语及汉语之间的文化差异，便能够有效减少这种错误。

2. 中西文化差异和思维差异

正确的语句应该确保句子意思清晰、各部分衔接合理、过渡自然。然而，由于中西方人思维方式及文化之间的差异，导致我们的高校英语语法教学中往往出现各种各样的错误。对大学生而言，出现频率较高的语法错误有结构不完整、句子不连贯等。深究原因，是由于学生对英语及汉语两种语言之间的文化差异缺乏精确的认识。下面笔者主要从实际的例子来具体论述语用错误的现象。

（1）句子不完整。在日常口语交际中，交际的双方可以通过手势、语气等进行沟通，不完整的句子也能够被对方理解，但是在书面语中便会出现问题，句子不完整会导致语句表述不清晰，这种情况往往发生在主句写完以后。例如：

We three people in the same age.

我们三个人的年龄一样。

正确表述应为：

We three are in the same age.

（2）句子不连贯。句子不连贯主要是指一个句子的前后衔接不紧密，或者结构不连贯。例如：

There was a knock at the door. I asked. Nobody answered.

有人在敲门，我问是谁，但并没有回答。

正确表述应为：

There was a knock at the door. I asked who it was，but got no answer.

3. 对比分析英语及汉语中的文化差异

在英语语法体系中，英语及汉语两种语言的文化及思维差异也体现在词汇及句法方面，这种差异性集中体现在以下两个方面。

（1）句法的文化差异。从句法的角度来讲，英语及汉语两种语言之间的文化差异集中表现在使用方法及形态两个方面，且表现出特定的语法特点。在英语语言中，动词的作用突出且明显，它以动词为核心，重分析、轻意合。然而，汉语则不注重形式，句法结构不必完整，重意合、轻分析，常以名词为中心，主语经常不与动词发生关系。英语教师若从句法的层面进行对比分析，也能够使学生尽快理解及掌握语法相关的知识。

（2）表现方法的文化差异。从表现方法来讲，英语及汉语之间也出现了鲜明的文化差异。通过对英语及汉语在表现手法上的文化差异，进行对比分析，能够使学生精准把握中西方人的思维方式在语法表现形式上的差异性。

（五）"互联网＋"时代高校英语语法教学的方法

1. 语感教学

高校英语教学过程中，培养学生的英语语感能够有效提高学生的语法能力。英语语法是组成语句的基本准则，高校在英语语法教学过程中鼓励学生积累语法方面的知识，能够有效提高学生的语法水平。

语感教学要求英语教师在课堂教学过程中指出优质的英语句子及语段，鼓励学生以多种多样的方式将这部分优质内容背诵下来。在学习完文章之后，学生可以采用背诵或者多人合作角色扮演的方式对语段进行记忆。

培养学生的英语语感不仅能够提高英语句子的输出效率，也能够使学生深入了解英语文化的内涵。人们在交流或者表述自身观念的时候，不仅会传输蕴含在语言中的文字信息，也在一定程度上宣泄了自身的内心感触。由此可知，培养学生的语感，能够在不经意间使学生接受及理解英语文化。

2. 知识竞赛

知识竞赛实际上指的是采取知识竞赛来推动英语语法教学的一种方式。此种语法教学方法能够有效提升学生的求胜心理、好奇心，进而激发学生学习语法的积极性及主动性。在英语语法教学过程中，使用知识竞赛的方法可以按照以下顺序展开教学活动。

英语教师首先应该将学生细分成几个小组，每次在讲授完 1～3 个语法现象以后，对学生进行提问。问题的形式可设置为必答与抢答，答题方式可以组为单位也可由组代表来回答。课程结束之前，英语教师还应该为学生预留几分钟，让学生重新回顾自己在这节课中学到的语法知识，并按照个人或小组的方式来对这部分语法知识进行竞赛，进而使学生深刻牢记当天所学到的语法知识。

实际上，知识竞赛的英语语法教学方式是多种多样的，英语教学应该按照每个班级的不同情况选择适宜的教学方法。

3. 显性文化及隐性文化教学

从文化教学的层面来讲，显性文化教学往往以传输知识为核心内容，是一种区别于其他英语教学方法的、较为全面的文化教学方式。这种教学方法自成体系、独立于语言教学之外，可以供学生随时自学，但其也存在着固有的问题。例如，学习者在显性文化教学中扮演着被动接纳的角色，这在一定程度上制约学习者养成文化探究的能力，也对他们的学习策略产生不利的影响。

隐性文化教学是一种将英语教学与文化教学融合在一起的教学方式。这种文化教学能够在课堂交际活动中为学习者提供感知和认识差异文化的机会，但容易让学生在学习英语的过程中对英语文化缺乏系统性的认识。

综上所述，显性与隐性两种文化教学的优缺点并存。因此，英语教师应将两种语法教学的方法有机结合起来，兼顾文化知识的传授和多元文化意识和行为能力的培养。这也就表示，在高校英语语法教学的过程中，应该及时添加一部分显性文化教学的内容，也就是说，使英语语法教学处于显性文化教学和隐性文化教学的动态均衡中。在不同的学习阶段，英语教师应该根据不同学习者的个性化特征使用不同的显性文化教学方法及隐性文化教学方法，以促使学生及时将英语语法知识转变成语法能力，进而实现英语语法教学及多元文化交际的教学任务。

第二节 "互联网+"背景下高校英语听力和口语教学创新

一、"互联网+"背景下高校英语听力教学

（一）英语听力的心理历程

英语听力在人们日常生活中普遍存在，然而深入了解英语听力的规律却极不容易，这主要是因为英语听力与人们的心理历程之间存在密切的联系。从英语听力的本质上来讲，其不仅是一个自下而上的解码意义的过程，也是一个自上而下的阐释意义的过程，同时是二者之间融合发展的过程。

1. 自下而上对意义进行解码的过程

自下而上对意义进行解码的过程主要包括两个子过程，一个是发现语句中词汇的音素，另一个是对自己所听到语句的节奏进行切分。其中，发现音素是一个最基本的环节。

（1）发现音素。与汉语的语言体系不同，英语语言特点使人们难以区分音素。连

读是指在英语朗读中，如果前一个单词以辅音音素结尾，后一个单词以元音音素开头，就会自然地将这个辅音和元音连接起来而构成一个音节。连读的音节一般不用重读，只是自然地过渡。因而，连读的时候，学生比较不容易区分单词与单词之间的分界，极有可能会把前一个单词的辅音与后一个单词组合在一起听成一个新的单词，进而便会产生误解。

除此之外，若某一重读音节的结尾为字母"t"，而"t"后边一个单词的开头为元音，那么在朗读的时候，"t"的发音便会与音素 /d/ 极为相似。即便学生在英语口语中并不会使用到这部分规则，但是也应该对这部分规则有一定的了解，这样才能够及时发现听力过程中出现的各种音素。

（2）切分节奏。学生在分辨词汇的时候，还应该对词汇之间的节奏进行合理的切分。人类生来就获得了切分母语的技巧，他们先将语流切分成不同的语法组块，然后再切分成单词，切分技巧是以头脑中存在的"音位——词汇系统"和"音位——句法原则"为基础和前提条件，并且这些切分技巧会随着语言学习过程的推进而变得越来越自动化。这也就表示，当学生的语言能力逐步提高的时候，他们便能够精准地对节奏进行切分。

母语为英语的人在切分节奏的时候，往往会遵照以下两个基本原则。

第一，重音是实词出现的标志，在英语的实词中，大概有 90% 的实词在第一个音节上出现重音。

第二，在实际的语流中，每出现一个意义单位往往会停顿一下，而每隔 2 ~ 3 秒便会出现一个意义单位，且停顿单位中间也会出现一个比较突出的实词项，这个实词既可以是单词也可以是短语。

而以汉语为母语的学生在学习英语的时候，上面所介绍的两种切分原则便不是很适用，这种情况必然会使听力理解出现困难。事实上，不管是什么年龄的学生，如果科学地进行听力训练，便会使自下而上的意义解码过程变得更加顺利。除此之外，英语教师也应该为学生讲授英语语音的特征，以使学生准确地对词汇进行辨别。

在高校英语听力教学的过程中，英语教师应该为学生设置与重音辨析相关的教学内容，以使学生深入了解词汇辨析的方法。如果学生的英语能力较强，可以选择较长的语篇让学生做重音辨别练习。通常情况下，交际的语境越贴近现实，学生便越容易了解重音转变及节奏切分在英语学习中的必要性。

2. 自上而下对意义进行阐释的过程

自上而下对意义进行阐释的过程主要是指听者运用原有的知识来辨别所听到的内容，且对将要听到的内容进行准确的预判。在阐释意义的过程中，图式及语境是两种较为重要的影响元素。

（1）图式。图式实际上就是指存储在学生脑海中的、原有的知识，这些知识始终保持着动态的变化。当学生通过听觉接收到各种新信息之后，这些新信息就和已有的旧信息相互作用，从而新的图式就形成了。图式的不断确立及完善不仅是学生领悟输入信息的基本条件，也是扩充信息的一个过程。

（2）语境。在练习英语听力的过程中，不断建立新的图式极有可能使学生曲解对方的真实意思。可见，仅依靠图式进行听力理解是远远不够的，还必须依据上下文所提供的信息。同样，如果只是根据某个句子的表面意思来判断交际对方的想法，难免太过于片面。学生只有充分了解与语句相关的知识并结合相应的语境，才能够揭示这个语句真正的含义。

总而言之，自下而上对意义进行解码、自上而下对意义进行阐释这两个过程缺一不可，二者之间保持着相互制约、相互作用的紧密联系，若强制将二者割裂开便显得没有意义。但是，我们也应该精准判断学生听力理解方面的障碍主要来源于哪个过程。英语能力相对较强的学生可以通过语境来扩充语句字面上的意义；而那些英语能力相对较弱的学生则格外重视对细节的领悟，这部分学生并不能完全领悟语句字面上的意义，需要结合语境来补充这部分不理解的内容。

3. 英语听力心理历程的特征

（1）英语听力的本质特征。从英语听力理解的本质来讲，听力理解的特征主要包括以下五个要点。

第一，一致性。在英语听力教学活动中，"听"往往与"说"同时出现，二者之间保持着一致的步伐。"听"的存在必然可以推断出"说"的存在，但是反过来就不成立。因而，"听"是建立在"说"的基础之上的。这也就表示高校英语听力教学应该格外关注"说"的方式及内容，以口语技能的提升来推动听力能力的提升。

第二，转瞬性。英语听力的转瞬性主要指的是人们所听到的内容是瞬间消失的，并不会复返。因而，听者必须在当时就清楚地听到信息，否则很难补救。这也就表示学生在进行听力理解的时候应该聚精会神，关注所听到的内容及说话时的语境。

第三，提示帮助性。在听力理解发生的交际情境下，存在着一些有助于交际双方理解信息的提示或线索。因而，在高校英语听力教学中，英语教师应该引导学生重视这些细节，并找寻加速理解的关键性线索。

第四，情境约束性。我们认为"听"是日常交往活动的主要环节，那么"听"必然发生在一定的时间、地址、场合中，这也就构成了英语听力理解的具体情境。对交际双方话语的理解，不能仅停留在字面意思上，而是需要结合特定的情境。情境在理解语句意义的过程中发挥着关键性的作用。而在高校英语听力教学中，英语教师应该不断培养学生感悟情境的能力，鼓励学生提高自身的情境意识。

第五，听说互换性。由于人与人之间的交往活动往往是一个互动的过程，日常交往活动中听话的人同时是说话的人。听说互换性是指听者为了争得话语权或者自我表达而变成说话的一方。此时他们不是为了获得清晰的理解，而是要积极地参与语言交际之中。有鉴于此，高校英语听力教学应该与口语练习融合在一起进行教学，以使学生通过与其他人进行对话或者其他的互动活动来提升自身的听力能力。

（2）听力语言的特征。一般而言，听力理解所涉及的资料均来源于现实中的交往情境，因而听力理解的语言较为口语化。而口语与书面语之间的差别较大，这就导致听力语言显示出其独有的特征。

第一，词汇口语化及语法口语化。从英语语法的层面来讲，由于交际活动是实时发生的，参与交际活动的双方必然会将注意力放在自身所表述的内容及含义上，忽略语言语法的准确性，因而人们所说出的语言中有相当一部分与语法规则不符。除此之外，参与交际活动的人为了节省时间或者保持语言简练，还经常性地将语句中的一部分内容省略掉，若我们不结合相应的语境，便很难理解说话者的真实意图。

第二，语音转变较为复杂。一般情况下，英语听力理解是通过声音的方式来传输信息的，说话者的声音并不全是清楚且能够辨析的，同时听力语言的语音方面也会出现比较复杂的转变。语音变化虽然具有系统的规则，但是这些规则比较复杂。另外，音素连接在一起相互作用也使语音发生变化，所以才有连读、省略等现象发生。

第三，多余内容较多。相关研究证实，英语听力语言通常有一部分多余的内容，这些内容占据了整个听力语言的 60% ~ 70%。人们在日常交际中为了使对方能够清晰地理解自己的意思，通常采用信息叠加的方式，包括词语重复、语义重复以及信息或话题重复等。除此以外，听力语言中的多余现象还囊括了口误、纠正错误、停滞、迟疑、运用填充词汇等。我们可以充分利用听力语言中的多余内容，进行适当的缓冲，以便及时考虑、纠正听力语言中的错误或者补充相关的信息。

（二）听力教学的重要性

1. 牢固学生的语言知识

高校的英语听力教学活动能够有效促进学生巩固在课堂上学习到的英语知识，进而推动知识体系的搭建。听的过程是一项十分复杂的信息处理过程，这一过程必然涉及对语言信息的理解和输出。学生通过听力理解活动，既提高了听力水平，又实现了新知识的构建，掌握了语言规则和内容。

2. 增强学生的语言应用能力

实践证实，高校英语听力教学活动能够有效提升学生的综合语言应用能力。作为语言输入的一种重要方式，听力教学活动既能引导学生对英语语言的声音符号信息进行辨别，又能使学生展开积极思考，对语言信息进行重新组合，更好地理解所学的语言知识。同时，听力教学还能够提升学生的语言学习效率，进而提高他们的语言应用能力。

（三）听力教学的发展现状

虽然现阶段我国的高校英语教学转型已经取得了突破性的进展，然而英语听力教学中仍旧出现了各种各样的问题，这些问题严重阻碍了英语教师的正常课程讲授。下面笔者具体分析当前我国高校英语听力教学中出现的各种问题。

1. 教师层面

从教师层面讲，英语听力教学中主要出现了教学目标定位不准确、课前未进行适当的引导这两个问题。

（1）教学目标定位不准确。在高校英语听力教学中，一些英语教师由于欠缺解析、掌握教学目标的能力，而只把英语教材中的听力练习作为听力教学的主要内容。如果听力材料太难，教师就会对听力练习进行调整。虽然此种做法在一定程度上推动了英语听力教学的发展进程，然而在实际却脱离了英语教材最开始所制定的听力教学目标，这会影响听力教学的成效。

（2）课前未进行适当的引导。目前，一些教师习惯性地在听力练习之前解释和说明所要听材料的生词、句型和前后逻辑关系，这种过度的引导使学生根本不需要认真听材料，就可以选出正确的答案。与此相反，一些教师在听力练习之前并不做任何的指导，便直接为学生播放听力资料，还要求学生务必要完成听力任务。由于教师事先没有介绍和说明听力材料中的生词以及相关的背景知识，而学生本身对话题也不熟悉、不了解。因而，在这种情况之下，学生并不能顺利地完成听力练习的任务。由此可见，在高校英语听力教学的过程中，英语教师应该在听力练习之前适当地对学生进行引导。适度引导要求教师要把握一个度，不能不引导，也不能引导过度。

2. 学生层面

从学生层面看，听力教学中出现的问题重点是心理压力过大和基础知识薄弱。

（1）心理压力过大。在英语听力课程中，一部分学生一听到英语教师要进行听力练习，内心便会出现焦灼、忧虑的情绪，脑海中还会一片空白；一部分学生由于成绩不好，缺乏自信，甚至产生自卑心理。这种压抑的心理状况长久积压在学生的心里，便会对他们的学习心情产生不利影响，他们的听力水平也不会得到提升。

（2）基础知识薄弱。现阶段，我国大学生的听力基础知识普遍比较薄弱，这就影响到英语听力教学的整个进程。学生基础知识薄弱突出表现在以下两个方面。

第一，学生的语音知识相对比较薄弱，缺乏必要的语音规律知识，这就使学生在听力练习的过程中一旦碰到弱读、连续、吞音等特殊情况，便不容易识别原本的听力内容，进而不能精准地掌握语句的内在含义。再加上有些学校语言环境和教学设施的缺乏，学生基本不能受到专门的英语发音和听力技能训练，因而必然就导致学生的语感差、无法掌握英语发音的特点和规律。除此之外，一部分学生受到方言的严重制约，他们的发音也不甚标准，也必然会影响听力的准确度。

第二，学生的词汇量往往较小，对句法的结构及相关的语法知识的认识并不深入，这就制约了学生的听力理解能力。

（四）听力教学的主要内容

1. 听力知识

听力相关知识主要包括语用知识、文化知识、策略知识三个方面的内容。

（1）语用知识。人们在日常交际的过程中，谈话双方所进行的对话往往蕴含内在的含义，这就要求借助一定的语用知识，以便对会话进行深层次的了解。

（2）文化知识。对所听话语的理解需要借助一定的文化知识，否则很容易出现误解的情况，因为语言就是文化。为此，学生应该了解英语相关的文化，以便更好地理解说话者的真实意图。

（3）策略知识。策略知识主要是指学习者在学习的过程中对目标的认识、对适宜的学习方法的选择、对学习进程的掌握等。策略知识能够帮助学生依照英语听力教学的目标来选择适宜的听力方法。

2. 听力技能

（1）基本技能。①理解大意的能力；②辨别交际信息的能力；③辨音能力；④推测词义的能力；⑤理解细节的能力；⑥推理判断能力；⑦选择注意力。

（2）听力技巧。一般而言，当技能、技巧和策略处于不同的层面，它们就指代不同的含义。技巧代表的是活动的操作方式。当学生合理地运用技巧的时候，便能够准确把握所听内容的意思，技巧也会上升到策略的层面；反之，技巧就仅仅是技巧而已，并不会对实际交往产生推动作用。

（五）"互联网+"时代听力教学的方法

1. 互动式教学

互动式教学的方法具体指的是在听力教学的过程中，英语教师及学生之间应该根据听力材料进行交流。在此过程中，学生既要理解所听的内容，还要做出相应的反应。在大学英语听力教学中采用互动教学的方法，有助于激发学生的学习兴趣，提高他们的听力理解能力，同时通过听力活动有利于学生养成积极思考的习惯。

人与人进行面对面交流的时候，同样可以使用互动式教学的方法。说话人通过问答等方式和听话人进行交流互动，并根据听话人的反应对所讲内容及时进行解释说明或调整。需要说明的是，在具体协商的时候应该掌握好时间，这是因为交流活动的主要目的是听力练习，因而英语教师应该强调学生说话的时长。

2. 策略教学

策略教学的方法实际上是指在指导策略的基础上进行补充、改正而产生的一种教学方式。

为了实现策略指导教学方法的任务，英语教师应该从两个方面出发开展活动。一方面，要让学生深入理解语言是如何发挥其功能的；另一方面，让学生理解自己所使用的策略，也就是让学生获得"元认知策略意识"，并且在这个基础上教师要教学生使用更多其他的策略，这些策略的使用能够促进学生听力任务的完成。

因而，从根本上讲，策略教学的方法是高校英语听力教学中的一种紧凑式设定。这种课程的具体表现是每个策略单元都明显地强调一个重点，并且紧密联系一个或多个相关策略，这些策略主要包括判断语言背景、人际关系、语气、话语主题及话语意义等内容。

二、"互联网 +"背景下高校英语口语教学

口语是人们进行互相交流的一种主要方式。在交流的过程中，人们不仅可以传输各种信息，也可以向对方转述自己的观点及看法。随着全球经济一体化进程的加快，国与国之间的多元文化交际日益频繁，运用英语进行口头交流的机会越来越多。然而，目前我国的高校英语口语教学依然存在一些问题，学生的英语口语表达能力有待提高。在"互联网 +"时代背景下，研究高校英语口语教学转型，探索高校英语口语教学的方法意义重大。

（一）口语教学的必要性

日常生活中，英语口语的重要性不言而喻。这种重要性集中体现在以下两个方面。

1. 社会对英语人才的需求日益增加

现代社会对英语人才的需求日益增长，学习英语口语也变得更加重要。随着世界经济的全球化以及我国与世界接轨的加快，我国与其他国家之间的往来越来越频繁，作为世界性通用语言的英语，其重要性不言而喻。因此，社会对熟练运用英语的人才的需求也日益增多。这就要求学生学习英语时除了要会读、会写，更重要的是要会听、会说，真正做到在交际中可以运用英语进行交流。

2. 现行考试制度的内在要求

现行考试制度格外关注考查学生的英语能力，这就要求学生关注对英语口语的学习。我国的公共外语等级考试逐渐重视考核学生的英语运用能力；雅思、托福等考试，为了测试出国人员是否具备生存的基本能力，也注重对口语的考查。因而，学习英语口语的重要性不容忽视，同时高校的英语口语教学应该将提升学生的口语应用能力作

为口语教学的主要任务。

（二）口语教学的发展现状

现阶段，我国已经充分认识到高校英语教学的重要性，英语教学优化也取得了较大的进展。然而，高校英语口语教学的现状仍不容乐观，依然面临一些问题。下面笔者详细论述高校口语教学中出现的各种问题。

1. 英语教师自身的教学水平有限

教学手段及教学模式只有在教学活动的框架中才能够实现，因而优质的教师队伍是高校英语教学成败的主要元素。目前，很多高校的英语教师自身的基本功不够扎实，听、说、读、写、译等方面的能力有待提高。一名优秀的英语教师应做到语音标准、吐字清晰、语调准确、口语流利通顺、板书整洁规范、语法概念熟练。除此之外，英语教师对英语、汉语进行转换的能力也比较欠缺。可见，英语教师至少应该熟练掌握汉语及英语两种语言，同时对中西方文化有深入的了解，才能提高自身的语言能力及教学水平。

2. 教学方法及学习方法较为单一

提高学生的英语口语交际能力是高校英语教学的主要任务，这个任务的完成还需要英语教师及学生的共同努力。但是在实际的教学与学习过程中，英语教师的教学与学生的学习方法都比较单一，这不利于学生口语交际能力的提高。很多英语教师在大学英语口语课堂上采用传统的"讲解+练习+运用"的教学方法，这不利于激发学生开口讲英语的积极性。在口语学习过程中，学生由于习惯了上课记笔记、下课做练习的学习模式，通常处于被动接受地位。在口语课堂上，大部分学生很少有机会参与教学活动中，也很少提出问题或者干脆不开口，仅仅进行口语练习，这种现象严重影响学生口语表述能力的提升。

3. 学生的口语水平相对较低

大部分学生并未完全掌握展开话题的手段，加之口语实践不足，因而不能将课堂中学到的英语词汇及语法知识应用于口语表述中，这就使他们不知道如何进行口语表述或者无言以对。我国学生由于受到汉语的影响，在进行英语口语表述时往往显示出各种各样的问题。例如，有的学生发音不准确，不能正确地表达语义；有些学生不能正确使用语调或重音，导致口语表达不标准；还有部分学生还带有比较严重的地方口音等。

4. 欠缺配套的口语教材

现阶段，我国适用于非英语专业大学生的英语口语教材异常欠缺。很多院校所使用的英语教材大多是将口语训练附在听力训练的后面，作为听力训练的补充，有些甚至没有口语训练。那些处于附属地位的口语练习通常缺乏系统性，内容简短，缺少相关的指导与参考答案，难以保证其实用性。除此之外，目前市面上见到的口语教材往往比较简单，仅囊括了日常生活中所使用的简单用语，而另一部分口语教材的难度又偏高，往往涉及各种专业性的领域，严重脱离了高校英语教材的难度，因而这部分口语教材在指导学生学习口语时并未取得较大的成效。

5. 口语课时不够

学生英语口语能力的提升并不能一蹴而就，而是要通过长期的、持续的练习才能够实现，这就要求英语教师应该将更多的时间及精力投入口语教学活动中来。但是就目前而言，我国高校教学中分配给口语教学的时间往往十分有限。例如，高校使用的《新编实用英语综合教程》主要包括听、说、读、写、译五项内容。每个班级如果按照 50 人计算，学生的英语水平参差不齐。这样的话，即使口语课有两个小时，每一位学生接受的口语训练也非常有限。课时的短缺不能提升高校英语口语教学的成效及学生英语口语的能力。

（三）文化差异与口语教学

1. 词汇层面

英语及汉语两种语言中不仅包含主要的词汇，还有一部分词汇显示出特定的文化讯息，这也就是我们所说的文化内涵词。英语教师应注重向学生讲授相关文化内涵词，使学生在正常口语交际中正确地加以运用。学生如果不了解文化内涵词的意义，就可能会影响表达的效果。例如，汉语中的"黄色"通常让人联想起淫秽，而英语中的"yellow book"则指美国人用黄色的纸印刷的电话簿；若学生对此种文化差异的认识不足，便很有可能将"yellow book"解释为"黄色书刊"，进而造成交际上的误会。

同时，英语所用词汇的褒贬含义也会影响到高校英语口语教学活动。例如，当你对一位来自非洲的客人说："You blackamoors are different from black Americans in some ways."对方听了会很不开心，这是因为在英语中"blackamoor"含有贬义的色彩，意思等同于汉语中的"非洲黑鬼"，因此可改为"black Africans"。

2. 认知理解层面

英语及汉语两种语言存在较大的差异性，这就导致语言背后蕴藏的文化也显示出一定的差异性，因而两种语言的习惯及认知理解方面也会出现不同之处。由此可见，英语教师在教学中应引导学生学习中西方在认知理解上的特点，了解二者的差异，使学生根据不同的场合选用恰当、得体的英语来进行交流。在现实中进行口语交际的时候，即便学生所运用的语句合乎语法的规则，发音也比较准确，但不体面、僵硬的语言同样会给交际活动带来阻碍。

（四）"互联网+"时代口语教学的方法

1.情境教学

情境教学法主要指的是在具体的教学活动中，英语教师应该有意识地引入或设定饱含情绪色彩、以人物为主体的场景，以便调动学生学习的积极性，进而引导学生深入了解教材，并开拓学生的心理机能。情境教学法的形式有很多种，如配音、角色扮演、课内游戏、诗歌朗诵、音乐欣赏、旅游观光等。其中，最常用的是角色扮演和配音。下面主要论述这两种教学形式。

（1）角色扮演法。情境教学最常见的一种教学手段便是角色扮演法。与机械、单调重复的口语练习不同，角色扮演给学生提供了接触各种社会交际场景的机会，学生以各种各样的社会身份来练习交际，这不仅激发了学生的学习兴趣，还为交流的有效进行打下了基础。在实际的教学的过程中，英语教师让学生自己进行角色分工；在学生排练过程中，教师可以提供必要的指导与帮助，排练完成后，让学生进行表演。当学生展示完以后，英语教师可以先让学生总结分析自身的表演，而后再对学生的表演进行评述。

（2）配音法。配音法的操作方法较为简单，英语教师应该按照下述施行方案开展教学活动。

第一，节选一部电影片段，讲解其中的语言难点。

第二，组织学生听原声对白，鼓励学生背诵对白。

第三，让学生模仿电影角色，为电影配音。

总而言之，在英语口语教学的过程中，英语教师应该尽量为学生创设各种逼真的语言情境，将情境与语言学习有机融合在一起，进而使抽象的语言教学贴合实际、贴合学生。这种口语教学方法既能调动学生学习的积极性与主动性，又能促进学生掌握运用英语进行交际的能力。

2.文化导入

在多元文化融合的背景下，高校英语口语教学应该将口语教学活动与文化意蕴融合在一起，运用文化导入的方式为学生传输口语知识。

文化导入的方法形式多样，下面主要探究一部分比较常见的文化导入方法。

（1）运用多媒体进行导入。我国学生在学习英语的时候往往欠缺必要的英语环境，这严重影响了学生的学习效率。由于缺乏英语环境，学生不能全面地感受到英语与英语文化。鉴于此，英语教师可以利用多媒体进行口语教学，营造英语情境，使学生置身于真实的情境中来感受英语与英语文化。

（2）通过指引学生积攒日常交际用语进行导入。我们认为交际能力是语言最基本、最突出的功能。英语教师应该鼓励学生累积日常的英语交际用语，且引导学生将这部分累积的知识应用到实际交往中。只有当学生充分认识到此种差异性，才能够保障交际活动合乎规范，防止交际出现失误。

3. 任务型教学

高校英语口语教学还能够使用任务型教学的方法，此种口语教学方法一般按照以下三个步骤展开活动。

（1）展示任务。在展示任务的阶段，英语教师应该着重指导学生准备相关的语言知识。在展示任务的过程中，教师可以学生的实际生活与学习情况为依据，创设相关的情境，调动学生学习英语的动力。同时，教师还要为学生提供与话题有关的环境及思维的方向，以加强新旧知识之间的连接，使学生在巩固旧知识的同时掌握新知识。需要说明的是，展示任务的时候应该遵守先输入信息、后输出任务的基本原则。

（2）执行任务。执行任务是高校英语口语教学的一个主要环节。在接到任务之后，学生可以采取小组自由组合、结对等方式执行任务。小组自由组合或结对的方式不仅可以为每个学生的口语表达提供练习机会，还有助于培养学生合作互助的意识，增强学习效果。此外，执行任务时也可以通过由教师设计多个小任务构成任务链的方式进行。在这一阶段，英语教师的主要任务是追踪、引导学生的各种活动，保障各项活动的顺利开展。

（3）评议任务。在任务执行结束后，英语教师及学生应该合力对所开展的任务进行评议，重点指出每个小组的优势及缺点。评价时应注意对学生的活动情况尽量持肯定态度，以鼓励、表扬的方式为主，以增强学生的成就感和自信心。当然，如果学生在表达中出现比较严重的、影响交际的错误时，英语教师也应及时指出和纠正，正确引导学生。

综上所述，任务型教学的方法能够激发学生学习英语口语的积极性、主动性，提升学生的合作意识及竞争意识，进而提高他们的口语能力。

4. 交流学习

大学生在学习口语的过程中，应该充分发挥自身优势。一方面，大学生可能有一些多元文化交际的经历，所以应该更多地组织他们进行小组讨论，让他们交流多元文化交际的经验，这样可以取得更好的教学效果；另一方面，大学生通过互相交流经验，可以互相分享解决交际中遇到困难的方法，总结出适合这一人群的交际策略。这些实际的经验交流对于提高大学生的口语水平有着显著效果。与此同时，多元文化交流过程中往往会触及文化因素，这些文化因素能够加深大学生对英语的印象，进而有效避免出现由文化因素而引发的各种交际误会。

第三节 "互联网 +"背景下高校英语翻译和写作教学创新

一、"互联网 +"背景下高校英语翻译教学

在"互联网 +"时代背景下，随着国际交流的日渐加强，逐渐显示出文化交融的发展态势。在交流翻译过程中必然会涉及文化问题，这就要求译者应具有一定的多元文化交际能力。在这种大背景下，高校英语翻译教学的理念也应有所转变。笔者通过论述高校英语翻译教学的优化措施，以期引发学界对英语教学优化的关注。

（一）翻译教学的必要性

从大学生的角度来讲，学习英语翻译具有至关重要的作用，它不仅能够发展学生的个性化特征，还能够使学生依靠翻译来助推整个社会的发展。

1. 提高学生的英语能力

学习翻译还能够提高学生的英语能力，继而积淀学生的知识素养。英语包含听、说、读、写、译各项技能，这几项技能并不是相互孤立的，而是紧密相连、相辅相成的。通过大量的翻译练习，学生不仅可以从中获取语言知识，还能有效地提高学生的听、说、读、写能力。

2. 培养学生的多元文化交际能力

学习英语翻译能够使学生熟悉各种文化知识，充分领悟中国文化及西方文化之间的差异性，继而培养自身的文化意识及多元文化交际能力。翻译并非简单的语际转换，这种转换过程中携带着大量的文化信息。学生在翻译的学习过程中要将英汉语言中的文化知识转换到另一种语言文化中。在这一过程中学生可以直接感受和体会中西文化之间的差异，进而对其有所了解和掌握。当学生深入了解中国文化与西方文化之间的差异后，便能够通过翻译的方式来提高自身的多元文化交际能力。

（二）翻译教学的现状

现阶段，越来越多的专家及学者认识到高校英语翻译教学的重要性，且高校英语翻译教学转型已经取得一定的进展，然而仍然存在一部分需要尽快解决的问题。下面主要从英语教学体制、学习状况两个层面来具体论述高校英语翻译教学的发展现状。

1. 英语教学体制

（1）人们未意识到高校英语翻译教学的重要性。相关研究表明，人们并未认识到高校英语翻译的重要性，这一点突出体现在高校英语教学大纲的设置中。虽然《大学

英语教学大纲》在培养学生翻译能力方面提出要兼顾学生的英汉互译能力，但最终目的仍然是培养学生的阅读能力，兼顾一定的听、说、写、译能力。由此可见，教育部门并未认识到翻译教学的重要性，进而导致翻译教学始终处于被忽视的地位。

（2）英语考试题目不均衡导致翻译教学的重要性下降。虽然翻译是高校英语考试的重要组成部分，然而从具体考试题目的设置上看，翻译在高校英语教学中的指引作用并未充分显露出来，进而导致英语教师及学生均忽视了翻译的重要性。尽管翻译已经成为大学英语四、六级考试的常设题目，但所占分值却很小，只占试卷总分值的5%，如此小的分值是很难引起教师和学生重视的。

2.学习状况

（1）极易出现"的的不休"的现象。我国大部分学生在翻译英语的时候会出现机械性翻译的现象，往往一遇到形容词便会将其生硬地翻译成"……的"。

（2）语序排列错误。一般而言，英语和汉语在语言表述顺序方面存在较大的差异性。由于缺乏灵活的思辨能力，很多学生在翻译时常常拘泥于原文的语序，从而造成句序或者词序出现错误，进而使译文特别牵强和别扭。

（3）不擅长引申词义。英语的一个词汇往往具有多种含义，然而大部分学生仅仅知道这个词汇的基本含义，并不能对词汇的深层含义进行引申。因而，他们在进行英语翻译的时候，便不能选择正确的词义，继而使译文出现逻辑性错误，最终导致误译。

（4）方言及口语词汇运用频繁。我国各大高校中的学生往往来自天南海北，他们所运用的语言也包含了各种各样的方言，这部分方言在英语翻译中也充分地表现出来。

（5）不擅长翻译长句。英语语言往往强调形式合一，在遣词造句的时候往往会运用到连接词，因而英语中会出现大量冗长的句子，而学生对这部分句子的翻译往往比较困难。

（三）文化差异与翻译教学

1.语言文化差异对英语翻译所产生的影响

从语言层面上讲，英语语言的词汇、句法、修辞等方面均显示出较大的差别，下面主要介绍这几个方面对英语翻译所产生的影响。

（1）词汇差异对英语翻译所产生的影响。英语中的大部分词汇均蕴含复杂的文化内涵，熟悉这部分词汇的引申词义能够对英语翻译产生积极的影响。例如，汉语中的"宠儿"表示"被人喜欢特别是招父母喜欢的孩子"，而英语中的"favorite son"却是指"被自己州所拥护的政治候选人"。可见，在翻译过程中非常有必要了解词语的文化内涵，以免望文生义，造成错译。

（2）句法差异对英语翻译所产生的影响。从句法层面上讲，英语关注形式之间的连贯，重视语句结构的完整性。这就使得英语句子的形式严格受语法的制约，而汉语则注重意念连贯，不求结构齐整，不受语法的制约，句子形式较为随意。鉴于此，学生在进行翻译的时候应该重视这部分差异，避免出现误译的现象。

（3）修辞差异对英语翻译所产生的影响。从修辞层面上讲，英语和汉语存在一部分相似的地方，然而也显示出较大的差异性，而这种差异性会给英语翻译带来较大的阻碍。

2. 社会文化差异对英语翻译所产生的影响

社会文化往往显示出多姿多彩、纵横交错的特征，一个民族的经济、历史面貌、价值观念、风俗习惯和思维方式等内容均是社会文化的具体表象。

（1）风俗习惯差异对英语翻译所产生的影响。风俗习惯所触及的范畴异常广泛，下面主要从称呼这种风俗习惯上论证西方文化及中国文化的差异对英语翻译所产生的影响。在称呼方面，英语的称呼非常简单，仅"dad""mum""grandpa"等，且多数情况下都是直呼其名。但中国十分注重礼节，一个称谓不止一种叫法，如"妻子"，英语中只有"wife"一种叫法，但汉语中则有"老婆""爱人"等多种称呼。因而，在翻译的时候应该依照上下文的具体表述来判断文章中出现的人物之间的亲属关系，进而精准判断原文中人物的称谓。

（2）思维方式差异对英语翻译所产生的影响。从思维方式层面上讲，西方人往往善于使用抽象思维，此种思维方式表现在语言上便是使用抽象表述的方法。但中国人的思维方式与外国人正好相反。因此，在具体的翻译过程中就要对原文进行改动，即将英语中的抽象名词具体化。

（四）"互联网+"时代翻译教学的方法

1. 图式教学

图式教学的方法是高校英语翻译教学过程中经常使用的一种法。简单来讲，图式就是人脑中关于外部世界知识的组织形式，是人赖以认知和理解周围事物的基础。当接触一种新的讯息时，若人们的脑海中未发现与之相对应的图式，那么便不能准确理解这种新的讯息。由此可知，高校英语翻译教学中应该引入和使用图式教学方式，它可以有效地激发学生头脑中与文本相关的图式，使学生对原文有一个正确的理解。教师可向学生提供一些需要激活的图式才能正确理解的语言材料，然后要求学生根据这些材料进行翻译。同时，英语教师也可以主动帮助学生调动与翻译有关的图式，进而激发学生的学习热情，提高学生学习效率。

2. 语境教学

语境与英语翻译之间保持着密切的关系，因而语境教学方法是高校英语翻译教学中经常使用的一种方法。在翻译教学中，英语教师应引导学生综合考虑语境，让学生根据已有的知识获取原文含义，并且根据原文中提供的各种信息进行推理，找出作者的隐含意图，从而合理地进行翻译。

3. 讲练翻译技巧

翻译技巧是准确进行英语翻译的保障，因此，英语教师在课程中应该有意识地为学生传输相关的翻译技巧，并且指引学生开展翻译技巧类练习。常见的翻译技巧主要有直译、意译、音译、反译、合译、分译六种。

（1）直译。直译是英语翻译中最经常使用的一种技巧，它主要指的是在契合翻译语言规则的层面上，在不引发理解偏差、联想偏差的状况下，直接对原文进行翻译。直译强调"形似"，因此能够很好地保留原文的形式与特色。

（2）意译。意译主要是指依照原文词汇的含义及使用意义等相同的目的语来进行阐释。主张译文不必拘泥于原文形式，只要能准确恰当地表达原文含义即可。

（3）音译。音译指的是使用相似或者相同的语言来翻译另外一种语言中的词汇。音译主要适用于专有名词、货币名称、计量单位等领域。

（4）反译。反译与正译相对应，反译指的是将原文中含蓄地表述否定却具备肯定形式的词汇翻译成汉语中的否定句。

（5）合译。合译指的是将原文中出现的两个及两个其以上的简单句子或者一个复合句融合在一起进行翻译。

（6）分译。分译指的是按照译文表述的需要将原文中的词汇或者语句分割出来，单独对其进行翻译。

4. 交际教学

高校英语翻译教学的主要目标是促使学生形成多元文化交际的能力，因而英语教师往往会使用交际教学的方法来组织各种教学活动。交际教学注重学生的主体地位，主张教师的教学活动要始终围绕学生展开。

首先，英语教师向学生提供相同内容的源语和目标语两种文本的材料，引导学生进行对比，分析两种语言的不同表达方式以及两种文化的模式差异。

其次，安排学生进行模仿和互译练习，从而促使学生创造性地使用语言，培养学生的翻译意识和能力。

再次，提出翻译要求，指导学生独立进行翻译练习。

最后，完成翻译练习之后，英语教师与学生一起对译文进行分析和评价。在此过程中，英语教师应该鼓励学生积极参与教学活动中，可以采取鼓励及表扬优秀学生的方式，以使学生在参加教学活动的同时提升自身的翻译技能。

二、"互联网+"背景下高校英语写作教学

英语是世界通用语言，因此，学好英语对我国高校大学生来说不管是未来的工作还是生活来说都是非常重要的。对于英语的学习主要是掌握英语的听、说、读、写和

译五个部分。在"互联网 +"的时代背景下，各国之间的沟通交流变得日益频繁，因此英语的听、说和写三个部分显得至关重要。下面笔者主要针对高校英语写作进行详细阐述。

（一）英语写作的心理历程

不管是作家还是普通的学生，写作心理对于写作本身都是非常重要的。在"互联网 +"的时代背景下，对高校大学生英语写作的心理历程进行探索对于提高大学生的英语写作能力十分重要。通常情况下，高校大学生在进行英语写作时会出现以下几个心理过程。

1. 由视觉表象转变为文字

对高校学生来说，这是一种很常见的英语写作心理机制，其主要原因就是视觉上的内容转化为文字内容通常会比较简单，而且知觉活动通常是文字写作的开端。通常情况下，高校学生在观看黑板、书籍、电视等载体上的文字时就会在自己的脑海中形成对应的较为清楚的英语字母表象。在这一过程中，学生脑海中的表象越清晰、越深刻，那么接下来的写作模仿就会越顺利、越流畅，在写作速度上也会越快。由此可以看出，高校英语写作是一个由仔细观察到具体模仿实践的过程，最终达到熟练运用的程度。临摹写作是写作活动的一种主要形式，由于是临摹，所以在写作的过程中还伴随视觉活动的出现。

高校英语写作最基本的要求就是要保持写作书面的整洁、清晰而且有较高的准确度。所以，高校英语教师在对学生进行教学时要认识到自己的写作对学生所起到的示范作用，时刻注意自己书写的准确度和美观度，为学生提供鲜明而准确的视觉表象。高校英语写作除临摹写作之外，还有创造性写作，所以高校教师应该对学生进行及时的引导，引导学生积极进行创造性写作，鼓励学生大胆想象，培养学生的动脑能力，从而形成良好的写作习惯。

2. 写作技巧动型化

写作技巧动型化指的是高校学生在进行英语写作时会出现零散的写作动作，经过长时间的重复，这些零散的动作就会连接成一个动作整体，从而达到动作自动化的态势。由此可见，写作技巧动型化实际上就是高校学生写作动作的高度熟练化。随着高校学生写作动作的不断重复，其动作的熟练程度也在不断提高，那么在写作的时候高校学生就会将原来的以单词为单位进行书写变成以短语、句子为单位进行熟练书写，这对于加速写作、提高写作效率有着重要的作用。

为了让学生较快地掌握这一技巧、提高写作效率与速度，高校英语教师就需要利用各种方式进行引导，让学生多加练习，使学生的写作熟练程度得到进一步强化。

3. 联想构思能力

所谓的联想构思指的是在日常生活中，人们对层次关系、从属关系、因果关系等事物内在联系的具体看法。语言是人类思维的重要工具，因此，高校大学生应该将语言作为思维的重要工具去使用，以此更好地发挥英语的交际功能。要想将英语变成一种重要的交际工具，就需要对这一语言进行熟练掌握，养成和发展学生的英语联想能力，使学生看到一个单词或一句话就能够联想到多个与该单词或句子有关的其他单词、句子，如看到"family"，就会联想到"father""mother""brother""sister"等。

学生掌握了英语联想技巧不仅能提高学生的英语写作水平，同时可以提高学生的阅读能力，深入领会文章的意思。所以，高校英语教师应该注重对学生进行联想构思能力的培养，这不仅对学生写作能力的提升有显著的作用，同时对提高学生的思维能力也有重要的意义。

4. 演进式表述能力

这一能力从本质上来说就是上述提到的联想构思能力的集中体现，演讲式表述能力可以将定向思维、想象力、各种连接语言进行紧密结合，这不仅可以使学生的写作更具有逻辑性，同时能够提升学生写作的速度和准确度。例如，有一篇以"I like to draw"为题的英语作文，其演进式的表达如下。

"I am a middle school student. I like to draw. I draw mountains, rivers, trees and birds. Now I am drawing a tree. Look! I have drawn it.There are leaves and flower son it.The leaves are green. The flowers are red. They are very beautiful."

从这个例子可以看出，演进式的表达能力对提高学生的逻辑思维能力、表达能力、理解能力等都有着非常重要的作用。

（二）英语写作教学的意义

1. 促进英语语言生成

英语对于中国学生来说属于第二语言，在第二语言习得的过程中难免会出现各种各样的问题。一般认为，在目的语国家学习目的语通常会起到事半功倍的效果，但是在非目的语国家学习目的语，则通常需要学生付出巨大的努力才有可能习得目的语。我国无论是中小学还是大学，都缺乏英语这一语言环境，因此英语学习对于我国学生来说普遍较难，需要学生付出大量的努力，而英语写作又是促进英语语言习得的重要方式。一般来说，一种语言的说和写通常是这一语言生成的重要方式，英语也不例外，但是由于缺乏语言环境，所以显然利用"说"来生成英语是行不通的，因此只能利用"写"这一方式促进英语语言机制的形成。高校学生通过写作，不仅可以促进学生的英语语言表达能力，同时有利于学生形成英语语言思维，这些作用是在潜移默化中形成的，因此英语写作对于学生习得英语至关重要。

2.提升英语学习效率

写作的具体特征决定了英语写作能够提升学生的英语学习效率。在我国，不管是语文还是英语科目都需要学生进行大量的写作练习，通过写作练习达到对一种语言技能的掌握与运用。在写作的过程中，学生可以充分发挥自身的主观能动性，写什么、怎样写都是由学生自己决定的，英语写作通常情况下比语文的作文写作更加自由、随意，所以英语写作能够很大程度上激发学生的学习积极性，提高学生学习英语的效率。

3.开拓其他方面的英语技能

高校学生进行英语写作练习对于其他方面英语技能的形成有着重要的影响，其主要表现在以下两个方面。

（1）高校学生进行英语写作不仅可以拓宽学生的词汇量，而且对英语语法的掌握与应用也有着重要的作用。学生在写作的时候通常于表达方面会比较重视，而且书面语具有表达准确、结构优美等特点，这实际上对学生运用词汇的能力进行了考查，因此，英语写作对于学生掌握词汇意义和用法有着重要的意义。与此同时，学生在写作时是不能出现语法错误的，因此，英语写作对于学生巩固使用英语语法具有重要的促进作用。

（2）高校大学生的写作过程不仅是英语语言生成的过程，同时是自我观点表达的过程，英语写作可以使教师了解学生对一些事物的观点和看法。除此之外，书面语表达实际上可以看作口语表达的文字化，因此通过英语写作教师可以整体把握学生的英语表达能力，从这一层面来说，英语写作实际上有利于学生英语口语表达能力的提高。

综上所述，英语写作对学生英语综合能力的形成与提高有着不容忽视的作用，因此，高校英语教师应该注重对学生英语写作能力的提高。而且，目前是互联网高速发展的时代，很多学生会在网络上和外国人聊天，这个时候就需要用到英语，而且聊天也是英语书面表达的一种方式，由此可见，高校学生英语写作能力是多么重要。

（三）写作教学的发展现状

1.写作缺乏系统性

高校英语教师在进行写作教学时普遍存在缺乏系统性的现象，具体说来，其主要表现在以下三个方面。

（1）高校英语教学缺乏系统性的指导思想。高校英语教师的写作指导思想是学生形成写作思想的重要条件，一般情况下，教师对于学生写作的指导会促使学生写作方向或写作风格的形成，因此可以说，高校英语教师写作指导思想对于学生写作思想的形成有着非常重要的影响。英语写作的技能是在反复练习中提炼出来的，但是写作练习需要带有一定的目的性，学生需要知道通过练习要使自己的写作达到一种什么样的水平或效果。如果英语写作缺乏了目的性，那么就算是练习再多也没有意义。而这一写作目的通常都是由高校教师提出和规定的，因此高校教师需要对学生写作的目的性和写作规则等做出具体的指导，然而从目前高校英语写作教学中可以看出，其是缺乏一定系统性，有的时候甚至是无目的的练习。

（2）高校英语写作教学缺乏系统性的教学目标。任何一种知识的学习都需要遵循循序渐进、由表及里、由浅入深的原则，高校英语写作教学也是一样。高校英语教师要想使学生获得英语写作技能，就需要确保自己的教学具有鲜明的系统性。现实情况表明，造成英语写作教学目标缺乏系统性的原因主要有三个方面：①教师在英语写作教学中容易出现教学总体性目标和教学阶段性目标不协调的现象；②教师在英语写作教学过程中容易出现写作教学显性目标与写作教学隐性目标不平衡的现象；③高校英语教师无法清晰地认识写作目标体系和学生写作实际之间的关系。所谓写作的总体目标指的是教师将学生自身的特点与英语写作规律相结合，从而对英语写作做出明确的任务规定。与这一总体目标不同，阶段性目标指的就是以这一总体目标为基础，为了达到这一总体目标教师所制定的子目标。由此便可以看出英语写作的总体目标和阶段性目标之间的关系。然而，在当前的高校英语写作教学中，无论是写作教学总目标还是写作教学阶段性目标，都缺乏系统性，而且二者之间的连贯性和衔接性也显得不足。这一现象对于高校英语写作教学目标的实现有着较大的阻碍作用。

（3）高校英语写作教学缺乏系统性的教学方法。所谓的方法指的是对活动程序进行规范的一种方式，其一般情况下都表现为某种具体的活动模式，这种活动模式会促使人们按照某种程序或者规则开展活动。英语写作方法从本质上来说就是英语教学系统中的一个分支，系统性对于教学方法来说至关重要。通常情况下，教学系统对于英语写作教学方法有着决定性作用，相应地，写作教学的效率则是由写作教学方法决定的。由于写作方法对于学生的写作效率起着决定性作用，所以写作方法的系统性就显得非常重要。如果写作方法缺乏系统性，那么教师教学方法的实施也会受到严重的影响。

除此之外，影响教学方法的因素还有教学内容、教学目标以及师生关系等。如果写作教学缺乏明确的目标，那么学生们就会失去写作的方向；而脱离教学内容的教学方法也是没有意义的；同样，缺乏师生互动的教学方法依然是没有任何价值的。所以，教学目标不同、教学内容不同、师生关系不同都应该对应不同的教学方法，教学方法的实施应该考虑到各种不同的因素。但是就目前高校英语写作教学方法来看，很少能够做到教学方法随教学内容、教学目标和师生关系不同而发生改变，通常都是一种教学方法使用在多种情况下，缺乏灵活性和变通性，也缺乏一定的针对性。

2. 注重形式、轻视过程及内容

除了上述提到的问题，我国高校英语写作教学存在的另外一个问题就是注重形式、轻视过程及内容。之所以会出现这种情况，主要有下面两个原因。

（1）英语对中国学生来说是第二语言，由于缺乏真实的语言环境，所以学习起来具有一定的难度。英语写作是英语技能的一个重要组成部分，也是高校英语学习者必须掌握的技能。但是要想使中国学生的英语写作和汉语写作一样简单是几乎不可能的，首先汉语和英语思维就存在很大的差异性。英语写作比较注重语言形式，所以在写作过程中，学生一般都特别注意文章的规范性和文章结构的合理性，而忽视了文章的内容。关于英语写作，还有人认为，结构和语言形式才是英语文章的主要内涵。因此，高校大学生在英语写作过程中都格外地重视英语文章结构和语言形式。

（2）高校英语教学之所以比较重视英语文章的结构和语言形式，是因为其受到了传统教学模式的影响。以往的教学行为对后来教师的教学方法和教学行为产生了较大的影响，传统的教学思想和方法不断地被后来的老师所接纳和吸收，致使其错误的思路被传承下来，而且很难改变，在其频繁的影响下，学生也逐渐被传统的教学思想所影响与同化。

3. 无法正确认识英汉思维之间的差异

语言思维是由学习者生活的语言环境所决定的，中国学生长期生活在中国，形成了独具特色的汉语思维，而汉语思维与英语思维有着巨大的差异。很多学生在英语写作过程中，会按照汉语思维去思考，然后再用"汉语式英语"进行翻译，实际上这样翻译出来的文章具有很多语法问题。从目前我国高校学生英语写作情况来看，普遍存在无法正确认识英语思维与汉语思维之间差异的现象。

（四）文化差异与写作教学

1. 语言文化差异对英语写作产生的影响

（1）词汇文化差异对英语写作产生的影响。通常情况下，对于一种语言来说，一个事物或者概念对应的词汇通常只有一个，但对另一种语言来说就有可能有多个词汇与其对应。汉语文化和英语文化就属于这种情况，中西方国家无论是在语言方面还是在文化方面都存在巨大的差异，这使人们在交际的过程中会产生较大的困难。例如，"Mary's sister married David's brother."这句话对于中国人来说就有些难以理解，因为在英语里"sister"既可以表示"姐姐"，也可以表示"妹妹"，而"brother"既可以表示"哥哥"也可以表示"弟弟"。所以，中国学生在学习英语的时候应该注意对西方文化的把握与理解。

（2）句子文化差异对英语写作产生的影响。

第一，句子的重心存在差异性。英语在表达的过程中，通常会把说话人的目的、观点等放在句子的前面，然后具体介绍事情的缘由、经过。所以，英语在写作的过程中，其句子通常呈现显著的先短后长、头轻脚重的结构特点。例如：

It is regrettable that the aggressive market strategy of Japanese colleagues and their apprentices in Korea has resulted in destructive price erosion for consumer electronics goods.

前面的 "It is regrettable" 先表达自己的观点，然后再阐述缘由，整个句子显得头轻脚重，分布不均。汉语的句子在表达的时候则是与之相反，汉语习惯先铺垫或者先叙述原因，然后表达自己的观点。

第二，语态之间的差异。使用被动语态的频率不同。相关研究表明，和汉语相比较，英语更习惯使用被动语态。在英语中大部分的及物动词和相当于及物动词的短语都有自己的被动式表达。但是相对于英语来说，汉语则更习惯使用主动的表达方式，之所以会出现这种差异主要有两个方面的原因：①汉语的句子表达结构通常是"主语 + 述语"，这一表达结构不太适用于被动的表达方式；②中国人自古以来就受到传统思维的影响，注重"悟性"，强调"事在人为"和个人的主观感受等，喜欢站在自己的立场上看待问题，一般都是将施事者作为句子表达的主语，所以很少使用被动的表达方式。下面看两个例子。

Language is shaped by，and shapes，human thought.

人的思想形成语言，而语言又影响了人的思想。

The scientific research plan has already been drawn up.

科研计划已经拟出来了。

另外，被动语态的表述方式有所不同。英语被动语态的表达通常都是通过形式的变化来体现，而汉语被动语态的表达则体现在词汇上，其具体表现为以下三种情况。

第一种情况，汉语的被动语态通常都习惯使用主动句式去表达。例如，"每一分钟都要很好地利用"，在英语中则是这样表达的："Every minute should be made good use of."

第二种情况，汉语表达被动语态的时候习惯使用一些助词来表达被动意思，能够表达被动语态的助词主要包括"被、受、让、叫、给、所"等。例如，"中国代表团受到了热烈的欢迎"，在英语中是这样表达的："The Chinese delegates were warmly welcomed."

第三种情况，汉语在表达被动语态的时候，通常也习惯使用无主句的形式来表达。例如，"为什么总把这些麻烦事推给我呢？"在英语中的表达就是："Why should all the unpleasant jobs be pushed onto me？"

2. 社会文化差异对英语写作产生的影响

由于中国与西方国家之间存在着较大的文化差异，中西方国家的人们思考问题的方式也存在一定的差异性，那么双方国家的学生在对英语写作进行词汇选择时也会出现差异。例如，在英语写作中，有很多英语学习者都会把"端午节"翻译成"Dragon

Boat Festival"或者是"Double Fifth Festival"，这两种表达方式无论是哪一种都体现了作者对我国"端午节"的理解与认识，那么这一翻译让读者体会到的也是这一节日所具有的具体的、直观的文化行为。

这一翻译充分体现了西方国家对我国端午节的认识，他们认为中国的端午节就是赛龙舟的日子，但实际上，赛龙舟只是我国端午节的一个重要民间活动而已。由此可见，语言表达是人们对事物的主观认识，中西方文化差异对英语的写作有着重要的影响。

（五）"互联网+"时代写作教学的方法

在"互联网+"这一时代背景下，高校教师在对高校学生进行英语写作教学时就有了更多的方法，其较为常用的方法如下。

1. 读写结合

"读"实际上是一种输入语言的手段，"写"则是一种输出语言的手段，"读"与"写"之间保持着紧密的联系。具体来讲，"读"是"写"的基础，"读"可以为"写"积累语言材料，不仅能够使学生知道写什么，还能使他们知道如何去写。因此，在英语写作教学中，英语教师一定要运用读写结合的方法来引导学生写作。

2. 文化导入

实践证实，汉语文化对我国大学生的语言表述习惯、思维方式等方面产生了深刻的影响。为了避免汉语文化对学生英语写作带来的负面影响，英语教师应通过多种渠道帮助学生掌握中西方的文化差异以及这种差异所带来的英汉写作上的不同，提高学生的英语语言应用能力。具体地讲，教师可以安排学生与外籍教师、学者等用英语进行沟通，了解西方文化，也可以利用图片、音频、视频等教学手段为学生创造有利的英语学习环境，让学生尽可能多地了解英语文化的背景。长此以往，这种方法不仅能够开阔学生的视野，还能够使学生感知到英语的魅力，逐渐养成运用英语来表达自己思想、思考问题的习惯，进而流利地写出英语文章。

3. 对比分析

中国文化及西方文化之间的差异性使英语语篇与汉语语篇的写作也出现了较大的差异。因此，英语教师在英语写作教学中可以帮助学生演示与剖析英汉语篇在遣词造句、文章结构等方面的差异，引导他们在写作时有意识地避免受汉语思维的影响，写出更符合英语表达习惯和英美文化的文章。除此之外，英语教师在批改学生作文时，应明确指出学生写作中不符合英语表达习惯的语句，并注明正确的英语表达，使学生更清楚地看到差别，并在不断修改的过程中逐渐学会用英语进行思考与表达。

4. 仿写练习

由于受到汉语思维方式的制约，大部分学生在写英语文章时会将汉语思维方式套用到英语写作中，一边思考汉语中是怎样进行表述的，一边将汉语表述翻译成英语。这种接近"汉译英"的写作模式不但效率低，还会造成汉语思维和表达习惯对英语写作的负迁移作用。为了使学生克服机械、低效的写作方式，在英语写作教学中，英语教师应引导学生对一些英文材料进行仿写。通过仿写，学生不仅能够积累一定的英语写作素材，还能清楚、快速地了解地道的英语语篇应该如何展开，从而培养学生良好的英语语感和写作习惯。需要注意的是，仿写材料既可以是教材中的英语课文，也可以是文学名著。除此之外，英语教师也应该提倡学生运用词典等工具书来帮助其写作。

第四章 "互联网+"背景下高校英语教学创新模式

以互联网为核心的信息技术已经成为 21 世纪人们基本的生活环境，从信息化的高度来说，人们正在运用互联网技术进行教育体制、教育模式的改革，而这种改革在高校英语教学中也有明显的体现。互联网技术的运用扩大了高校英语教学的时空界限，提高了大学生学习的兴趣和积极性，传统的高校英语教学模式已经不能适应互联网时代的要求，急需进行变革，而这时新的教学模式登上舞台，本章就对这些新的教学模式展开分析和探讨。

第一节 基于互联网多媒体的高校英语教学模式概述

一、基于互联网多媒体的高校英语教学模式的概念

作为一种教学模式，基于互联网多媒体的高校英语教学模式的内涵主要涉及教学思想和教学理论、计算机网络技术、英语教学目标、英语教学资源、教学活动结构框架和教学方式这五大层面。

（一）教学思想和教学理论

如前所述，任何教学模式都是建立在一定教学思想和教学理论基础上的。同样，教学思想和教学理论也是网络多媒体教学模式的灵魂和基石。也就是说，基于网络多媒体的外语教学模式需要依据一些教学思想和教学理论，这些思想和理论可以从两个层次来分析：一是宏观层次，二是中观层次。宏观层次主要建立在哲学思想的教育学理论上，其主要内涵覆盖了教育心理学、教育学、教育技术学、学科教学论等；中观层次是基于外语教学的各种教学法，如语法翻译法、听说法、任务法、交际法等，而各种教学法也离不开理论的指导。

（二）计算机网络技术

基于网络多媒体的英语教学模式与传统教学模式相比，其最大优点在于计算机网络技术的参与。由于信息技术的发展，外语教学中的师生交流方式、信息呈现方式等都发生了重大改变，且人们已经形成了一个共识：网络多媒体技术并不是万能的，再

先进的技术也需要教师的辅助,即教师需要对学生进行督导、监控及情感层面的支持。就外语教学层面上说,最为合理的方向是充分发挥计算机网络技术在多媒体化信息呈现、信息查询、网络交流等方面的优势,辅助教师完成教学,减轻教学压力,也让教师有更多的精力和时间对存在差异的学习者进行情感交流和个别监督,解决他们的问题。也就是说,网络多媒体与教师都有其自身的优势,因此在外语教学中应该将二者的优势都充分发挥出来,使学习者能够从低阶语言能力转向高阶语言能力。计算机网络技术在外语教学中的工具作用主要有以下八种。

1. 知识演示与传输工具

计算机具有明显的多媒体特征,其在外语教学信息的呈现中也具有明显的优势,可以通过文字、图像、图片、声音、视频、动画等多种方式传递。目前,外语教学也多提倡使用网络多媒体教学,目的是能够为学生提供更多刺激感官的信息接收形式,从而促进学习者的记忆和理解,同时能够增强教与学的趣味性。

2. 交流工具

当前,网络已经成为一种普遍的交流工具,在外语教学中也普遍运用。基于网络的外语教学交流工具有很多,如 BBS、E-mail 等,这些都为教师、学生提供了便利。

3. 个别辅导工具

人机交互式网络多媒体作为个别辅导工具所具有的一大特色,主要体现在各种交互类的外语学习课件中。目前,计算机网络技术作为个别辅导工具主要具有个别指导、操练和练习、学习监测和反馈等功能。

4. 教学信息记录工具

计算机网络可以对教师与学生的各种与教、学相关的信息进行记录,这些信息可以为评价教师的教学行为、分析学生的学习情况和进度、帮助教师和学生进行反思等提供数据。

5. 学习情境创设工具

计算机网络技术可以为学生创造真实的学习情境,通过逼真的语言环境,可以促使学生进行探究和思考。

6. 教学管理工具

随着计算机网络技术在教学领域的应用更加广泛,计算机管理教学也应运而生。简单来说,就是运用计算机网络技术来帮助高校和教师进行教学管理。

7. 教学资源储存工具

计算机具有强大而便利的储存工具,这也逐渐成了外语教学资源的储存仓库,储存的内容包含课程课件、师生电子档案、电子教案、文献资料、多媒体语料库等。

8.学习认知辅助工具

为了提高学生网上学习的效率，网络查询引擎、在线电子词典、电子笔记本等被开发出来，这些计算机网络技术的学习认知辅助工具，可不断提高学生的学习效率。

（三）英语教学目标

任何学科教学都离不开教学目标，基于网络多媒体的英语教学也不例外。教学对象不同，确定的教学任务、教学目标也不一样，其选用的教学模式也必然会不同。例如，对听力教学而言，以提高学生理解和记忆能力的教学目标适用于采用人机交互型教学模式。如果教学目标是为了让学生掌握知识，那么教师可以采用以传递为主的教学模式；如果教学目标是培养学生的思维和运用能力，那么网络写作项目、网络英语角等人机互动教学模式更为符合。当然，采取什么样的教学模式并不仅取决于教学目标，还涉及教学任务、教学内容、教学环境、教学对象等因素。

（四）英语教学资源

基于网络多媒体的英语教学资源主要以文本、音频、图片、视频、动画等形式呈现的数字化教与学的支持内容，是辅助教师展开教学的直接工具，也是学生获取知识的直接途径，这些也构成了基于网络多媒体的英语教学模式的核心要素。无论是什么样的形式，教学资源本身的难度、选材等都应该从学生的实际情况出发。与传统的纸质教学资源相比，基于网络多媒体的英语教学资源更易于共享、易于更新，且能够海量存储。

（五）教学活动结构框架和教学方式

在宏观与中观教学思想、理论的指导下，需要将教师、学生、网络多媒体技术、教学资源等融合起来，形成具体的教与学的干预措施，包含教学内容的顺序、学习内容的组织、媒体呈现的设计、教与学的安排与设计等，这些都属于教学活动结构框架和教学方式的内容。

二、高校英语教学模式的分类及其应用

随着网络多媒体技术的深入和发展，新的英语教学模式不断涌现，并不断应用于高校英语教学中。这些教学模式对基于网络多媒体的大学英语教学模式具有重要的意义。下面重点探讨网络多媒体环境下的大学英语教学模式的分类及其应用。

（一）高校英语教学模式的分类

基于网络多媒体的高校英语教学模式有很多种，较为常见的教学模式有基于问题的教学模式、小组协作教学模式、网络探究教学模式、基于案例的学习模式、基于项目的学习模式、探究学习模式、基于资源的学习模式、个性化学习模式等。限于篇幅，下面主要对基于问题的教学模式与网络探究教学模式展开探讨。

1. 基于问题的教学模式

"基于问题的教学模式"是指，将英语教学或英语学习置于有意义的、复杂的问题情境中，通过让学习者解决实际的、复杂的问题，来学习隐含于问题中的语言技能、要点及文化，从而建构自己解决问题的能力。在基于问题的教学模式下，应该注意教师、学生与问题这三个要素间的特点和关系，作为学生初始的动力和挑战，必须有明确的界定，且具有足够的吸引力来促使学生解决问题。同时，基于问题的教学模式还有助于建立学习动机，并建立起后续学习的联系和需要。作为主动解决问题者，学生需要积极主动地参与并完全投入英语学习之中，积极地进行意义的构建。作为指导者和促进者，教师需要对问题进行设计，积极有效地激发、鼓励学生进行思考，使他们持续参与其中。

基于问题的教学模式主要由五个环节组成，即确定问题、分析问题、解决问题、结果展示、学习评价。在这一过程中，教师往往发挥着帮助、促进、指导的作用。在具体的实施中，基于问题的教学模式主要分为以下五个阶段。

（1）创设情境与提出问题。根据实时的教学要求和内容，教师要利用网络多媒体技术提出问题，创建具体的学习任务。一般而言，提出的问题需要符合以下三点：①具有相应的问题情境描述，引发学生的学习兴趣；②明确问题导向，要清楚学习重点，且有清晰的实施过程；③难度适宜，以原有的综合性知识作为前提，从而探究新的知识。另外，学生要在问题提出的基础上，从学习重点出发，对任务进行进一步的细化。

（2）界定问题和分析问题。明确问题之后，学生需要根据自己的理解和把握来对问题进行界定和分析，然后，在分析的基础上确定问题的重点、问题的本质，形成小组对任务进行分工，从而找出可能的行动方案和建议。

（3）探究问题和解决问题。确定学习任务的分配后，要运用多种途径来收集信息，并对收集的信息进行整体分析和归类。另外，学生之间应该相互合作与交流，逐渐形成解决问题的方案。

（4）分工合作和完成任务。各小组成员根据分工的要求，完成各自的任务，并运用网络多媒体形式展开如何解决问题的过程和结果。

（5）任务评价和结果反馈。小组成员对他们完成任务的成果进行共享，同时进行自我评价与小组间评价。评价主要针对的是任务完成情况中各个成员的表现。之后，教师需要对这些评价进行总结和反馈，为学生提出以后努力的方向。

2. 网络探究教学模式

网络探究教学模式是由 Web 与 Quest 两个名词组成的，前者的含义为"网络"，后者的含义为"探索、寻找"。作为一种对学习活动进行探究的具体形式，网络探究教学模式主要是建立在互联网强大信息资源的基础上，来训练学习者的探究能力。在网络探究教学中，教师最大限度地运用网络资源来发现外语教学中的未知问题，探究解决问题的方法，让学生学会建构知识。

网络探究教学的目的是让学生充分利用时间，使用信息并帮助学生对各种信息资源进行分析与综合。因此，按照学习探究实践，网络探究教学模式可以划分为两种：短期网络探究教学模式与长期网络探究教学模式。前者强调对知识的整合和获取，学生获取一定量的信息之后会主动建构知识，该模式大多可以运用于日常英语教学；后者强调对知识进行提炼和扩展，学生通常需要就某一特定任务和课题进行有计划的分析和信息重组，该模式一般持续时间较长，适用于小组课题研究。对于网络探究教学模式的设计，一般需要遵循以下四个原则。

（1）寻找合适的网站。在该模式中，教师帮助学生寻找合适的网站具有重要意义。这是因为，合适的网站能够为学生提供恰当的学习材料，使课堂学习能够进一步延伸。

（2）协调组织学生和学习资源。在网络探究教学模式中，协调组织学生和学习资源是最重要的部分和内容，需要多加重视。具体而言，教师需要做到以下两点：

第一，组织好学生，即网络探究教学应该与和谐的小组学习环境有关，从而将学生很好地协调起来。协调和组织学生应包括角色协调、积极互动、协作互助、分工负责等。

第二，学习资源的合理安排和有效组织。网络多媒体上的资源是非常丰富的，因此，如何对这些资源进行组织是非常重要的，也是需要关注的。一般而言，对学习资源进行优化有两种情况：一是硬件的缺乏；二是软件的应用。如果教学中没有足够的计算机设备，那么教师应该采取恰当的措施来弥补；也可以在硬件条件下按照一定的比例对学习中心进行设置，让学生轮流使用。在软件的应用上，教师应尽可能地让学习者了解各种与外语学习相关的网站，这样他们才能对各种软件进行灵活运用。

（3）激发学生的思考。在网络探究学习中，需要激发学生的思考，可以从以下两点做起：

第一，使任务更具挑战性。任务的设计和选择需要考虑任务完成的难易程度，这种程度不仅体现在学生对任务的理解程度上，还体现在学生对问题的解决能力、判断能力、创新能力上。

第二，使任务更具真实性。任务设计需要与现实生活接近，尤其是任务的主题需要从社会实践活动中来，同时需要确保任务活动具有可操作性，使学生能够学会应用于现实生活的语言技能。

（4）选用媒体。网络探究教学模式不仅限于对网络资源的使用，还需要充分利用刊物、书籍等媒体，从而实现学生探究学习的目的。因此，在媒体选择上，教师应该注意以下三个方面：

第一，注意互联网不仅是一种计算机的网络，更重要的是包含人与专家资源在内的网络。

第二，注意学习过程中与他人的交流，学生可以通过 E-mail 或 BBS 等交流平台与他人进行信息交流，完成网上互动。

第三，注意学习内容的合理选择，网络多媒体环境可以提供无限量的学习资源，如果选用合理，那么就可以提高学生的学习效率，否则就是对网络多媒体内容的滥用。

（二）高校英语教学模式的应用

大学英语教学应遵循外语学习规律，根据教学内容的特点，充分考虑学生个体差异和学习风格，运用合适、有效的教学方法。教学方法的选择使用要体现灵活性与适应性，目的是改进教学效果，提高学习效率。在信息时代，大学英语教师的教学方法应该与时俱进不断改进。当前基于网络多媒体的大学英语教学模式必须坚持以学习者为中心。教育部已经在全国部分高校展开该模式的教学试点，下面举例说明网络多媒体环境下的大学英语教学模式的应用。

基于网络多媒体的大学英语教学模式实现了"一对一"的教学思想。面对一台计算机，就如同学生面对一位英语教师，学生可以尽情地听这位"教师"进行讲解，随意与这位"教师"进行交流。不同学校需要结合自身的情况，巩固学生的基础知识，培养不同学生的自主学习水平与综合应用能力。

在选材上，除选用基础的大学英语教材外，一些高校还选用教学软件系统作为大学英语网络多媒体教学系统。教学由课堂的多媒体教学与课下的上机自主学习构成。课上，教师利用多媒体课件，展现声像结合、图文并茂的优势，设计出形象、有趣、生动的参与性活动，使学生逐渐成为课堂的主角。同时，教师在设计情境的过程中发挥指导的作用，真正做到寓教于乐。课下，学生从自身情况出发，依靠网络学习系统选择适合自己的学习，还可以利用计算机对听说能力进行反复操练，而且教师还需要有步骤、有计划地给学生布置和检查作业，并解答学生遇到的问题，最后进行测验等，从而大大提高自身的综合能力。

三、互联网多媒体技术为高校英语教学带来的机遇

著名学者华沙（Warschauer）指出："无论是今天的教育，还是未来的教育，教师是其中的组织者、督促者、向导和咨询人，学习不再是为了学习而学习，而是为了满足需要而学习。"网络多媒体技术应用于大学英语教学是为了满足未来的需要，而应用的关键在于对这种机遇的了解和把握。那么，网络多媒体技术给大学英语教学带来了什么机遇呢？

（一）能够发挥学生的主体作用，提高学生学习的积极性和主动性

基于网络多媒体的大学英语教学，可以将学生的主体地位充分地发挥出来。学生从自己的需要、可能出发，选择恰当的上课时间，采用适合自己的教学进度和方法，在网络多媒体的指导下进行练习。当学生遇到困难时，可以随时放缓速度，随时进行补充，随时增加信息量；当学生感到能胜任学习任务时，经"网络多媒体教师"的检验与测试，学生可以加快进度，减少练习量。在这一过程中，学生能够及时巩固自己的语言技能，改正自己学习中的失误和不足，促使其形成正确的语言习惯。同时，学生可以随时运用多种教材和课件，或者访问、查询、下载网上的信息和资源，进行个别化的学习。如果遇到问题，他们可以通过 E-mail 等与教师进行沟通，让教师帮忙答疑解惑。因此，网络多媒体的应用，使学生的学习不再受干扰，也可以使他们及时了解自己的学习情况，并将自己的主观能动性发挥出来，激励自己的英语学习。

大学英语教学属于一门能力课，光靠理论学习是不可能的，还需要大量的操作训练。在传统的教学中，学生并没有充足的自信心，在公共场合羞于表达自己的观点，上课也非常焦虑，担心被教师提问，担心丢脸。相比之下，在网络多媒体辅助大学英语教学中，由于教师与学生通过在线交流、电子邮件或微信进行交流，学生不必担心因回答不出问题而丢脸，情感层面的焦虑也会被释放，这时他们愿意提出问题、回答问题。因此，网络多媒体创造的宽松环境有助于提高学生的学习效率。

另外，由于网络多媒体环境本身是一种交互式学习环境，动态与静态结合、图片与文字结合、声音与情感融合、视觉与听觉并用，其表现效果也更逼真，因此学习也就不再是一件枯燥的事情，而是能够引起学生的兴趣、更好地发挥学生的智力因素、调动学生的学习潜能和积极性。

（二）能够提高教师的工作效率，达到最佳的教学效果

如前所述，计算机作为一种工具，可以大大提高教师的工作效率，如教师教案的设计、学生成绩的登录、教学资料的查询等都可以通过计算机轻松的完成，从而大大减少教师的工作量。在英语课堂教学中，教师可以通过工作站、服务器等对自己的备课内容进行讲解，并可以随时检查学生的学习情况，通过将全班学生的整个操练过程记录下来，及时了解学生的实际语言情况，最后对测试结果进行分析和统计。

在批改作业上，客观性的题目也可以通过计算机来处理，主观题可以由学生通过计算机操作，然后教师利用文字处理软件进行整理和批改。这样不仅可以从根本上解决学生数量多、教师数量少的矛盾，而且还可以让教师从琐事中解脱出来，让他们将更多的精力放在教学内容、教学环节的设计和教学内容的讲解上。这些教学内容和教学环节的设计包含对教学大纲的理解、教学方法的研究、教学内容的组织等。

试题库的建立在一定程度上允许学生自行选择时间进行测试，如果通过了考核，那么他们可以进入下一阶段的学习。只有这样，才有可能实现真正的学分制管理，做到因材施教，因为这一模式将学生从传统固定的教室、固定的教学模式、固定的教材中解脱出来。在这种环境下，教师可以根据社会需要进行教学自我调节，学生也可以运用最合适的方式使自己尽可能地达到自己想要达到的水平。

除此之外，教师与教师之间、教师与不同班级的学生之间还可以进行教学成果共享。某位教师备课的成果通过处理后，上传至网络，其他教师可以下载学习，促进水平不高的教师迅速成长，也促使水平高的教师不断脱颖而出。

（三）能够提供丰富的信息量，激发学生学习的兴趣和求知欲望

利用网络多媒体技术辅助高校英语教学，除传统文字教材外，教师可以从学生基本情况出发，调用各种资料进行编辑与制作各种教学课件；教师还可以根据需要在网上进行选择和搜集学习资料，不断更新和丰富自己的教学内容。例如，在阅读课上，教师可以在不改变该课程要求的前提下，运用网络上与该课程内容相关的新资料代替其中的部分，如课文内容是"transportation"（运输），教师则可布置任务让学生上网查询下载与该主题相关的资料，使课程符合时代发展的特征，激发学生的学习主动性和积极性，实现既定的学习目标。

教师可以利用与文字教材配套的电子教材。教师还可以选择外语新闻、人物传记、原版电影等，这些软件具有地道、纯正的发音，可使学生有更多的机会接触英语本族人所讲的英语，通过这样不断地模仿有利于提高学生的口语水平。

此外，由于国际互联网的通用语言也为英语，因此在网上存储着应有尽有的多媒体形式的资源，有专门的教学资源，有实时性极强的报纸杂志资源，这些资源都为学生提供了原汁原味的资料。

（四）能够提供多种教学模式，提高学生的语言运用能力、交际能力和计算机运用能力

网上学习交流可采用虚拟教师、电子白板、参加新闻组、加入电子论坛、发送和接收E-mail等多种教学模式，实现不同时间、不同位置的信息交流，可能是一对一交流，可能是一对多的交流，也可能是多对多的交流等，通过声卡、计算机、数字视频等的交流，使学生在虚拟教室中完成学习任务。学生还可以通过万维网交谈、网页讨论版、在线交流等方式，与世界各地的英语本族语者进行交流，锻炼学生的口语能力、写作能力、分析与逻辑思维能力，同时能促进人际间的交往。在这一过程中，学生运用网络多媒体技术的能力也要不断提高，能熟练使用计算机软件，并掌握快速搜索功能。

四、基于网络多媒体的高校英语教学模式面临的挑战

前面已经提到，网络多媒体技术打破了时空的界限，建立了一种开放性的教学环境，这就使传统的密集型教学转向分散化、个别化、社会化的教学，教学活动的时间和范围都在向外扩展。但是，如何开启有效的网络多媒体手段，创造先进的基于网络多媒体的大学英语教学模式，是当前英语教学需要面临的重大问题，也是网络多媒体技术对大学英语教学的挑战。

（一）对学生的独立学习能力提出了更高的要求

网络多媒体技术使学生的学习不受时间、地点的限制，充分体现了网络自主学习模式下以学生为学习主体的个性化学习。它要求学生要有很高的自控性，主动性要较强，能够根据教学要求，认真完成教学任务而不是偏离学习要求。一方面，需要端正学生的学习态度，明确学习目标；另一方面，需要加强教师的指导和监督，以科学的评价体系和标准完善的教学监督和管理，才能确保学生完成老师规定的学习任务，并合理利用学习时间。

此外，网络多媒体技术下的英语学习对学生掌握和使用计算机的能力提出了更高的要求。特别是网络提供的信息都是各个领域的新信息，但由于信息的控制很大一部分掌握在学生自己手中，因此，学生要根据自己的需要对信息进行不同的组合，通过重组、添加将新旧知识组合在一起。也就是说，学生决定着自己学习什么、怎么学习以及什么时候学习。可见，基于网络多媒体的大学英语教学对学生的学习能力提出了更高要求，他们需要对知识进行选择，制订符合自己的学习计划。

（二）对高校英语教师的素质提出了更高的要求

在教学过程中，教师的作用发生了一定变化。传统教学中教师的地位占主导，教师想讲什么就讲什么，想怎么讲就怎么讲，因此教师就是知识的传授者，学生是被动的接收者。而在网络多媒体环境下，教师的作用并未消减，教师起着协调、组织的作用，并且有时会充当学习者；学生不再是被动地接受，而变成了协作者。可以看出，这时候师生关系变成了平等的关系，在这种关系中，师生之间能够通过各种形式进行交流，教师也会在交流中不断鼓励学生进行尝试和探索。

网络多媒体技术虽然对教师来说提高了教学效率；但是它对大学英语教师的素质提出了更高层次的要求。在基于网络多媒体的高校英语教学模式下，教师需要在以下三方面加以提高。

1.更新教学观念

在新的教育形式下，教师要加强对教育现代化和最新的外语教学理论学习，树立终身学习的观念，不断提高自己的业务素质和水平，转变传统教学理念才能适应新的

教学模式。在基于网络和多媒体的高校英语教学模式下，教师的作用发生了一定变化，教师不再只是传统语言教学中知识的传授者，而是课堂教学的设计者、组织者、协调者，学生学习的督促者和学习效果的评估者；学生也不再是被动的接收者，而是自身学习的管理者、监控者、探究者和协作者。角色的转变对教师的业务素质提出了更高的要求，也促使教师不断提高自身素质。

2. 研讨网络多媒体的教学形式和方法

网络多媒体教学和传统教学有很大的不同，其教学思路、方式、内容、过程等方面都发生了明显的变化，但注重英语语言知识传授、语言技能训练与语用能力培养仍是基于网络多媒体高校英语教学模式的核心。教师作为教学活动的组织者，只有协调好学生（教学的对象）、教学内容（英语交际必备的听、说、读、写、译技能）、教学环境（课堂教学和课后学习）、教学方式（课堂面授与课后自学）等要素之间的关系，形成符合语言学习目的合理的教学结构，才能发挥教学模式应有的效力。因此，教师不断研讨网络多媒体的教学形式和方法，注重如何设计课堂教学并组织、完善课堂教学对实现教学目标起着重要作用。

3. 提高网络多媒体操作能力

提高网络多媒体操作能力是实现新教学模式的保证。教师除要具备精深的业务水平、具有广博的学识、敏捷的思维外，还要了解和掌握网络多媒体技术的理论，精通计算机软件、硬件，并且能够根据自己的需要设计微课、翻转课堂教学视频和软件，实现教学过程的最优化，达到启发学生思维，发展英语实际能力的理想教学效果，为学生学习思考、参与活动、探索知识提供技术保证。

第二节　"互联网 +"背景下高校英语多模态教学模式建构

一、多模态教学

基于语言学习的特点，20 世纪 90 年代，西方学者提出了多模态话语分析理论。该理论认为，语言是社会符号，绘画、音乐、舞蹈等非语言符号也会影响语言意义的生成，各种语言符号与非语言符号模态之间既相互独立又相互影响，共同生成意义。参照多模态语言理论，语言的输入与输出受到多种符号模态的影响，在英语教学过程中可以融合多种符号模态，结合图像、音乐、网络等方式丰富课堂形式，全方位调动学生的多种感官，连续接受语言刺激，浸入式地习得语言，达到增强知识记忆和充分实践运用的效果。

基于互联网实施多模态教学，教师可以利用互联网资源和多媒体方式，创设各种情境使学生体验真实的目标语语言环境，多渠道刺激听觉、视觉、触觉等感官，提供全方位、浸染式的学习环境，促进学生英语技能的提升。多模态教学模式强调通过多种渠道丰富教学手段。具体来说，可以利用多媒体技术开展图片展示、角色扮演、视频赏析等多互动性教学方式，充分调动学生的积极性和主动性，将英语学习中的听、说、读、写各方面结合起来，激发学生英语学习的兴趣，巩固新知识，提升英语运用能力。

二、高校英语多模态教学的基本原则

（一）客体适配原则

在英语课堂上，教师与学生分别是"教"与"学"的主体，对应的客体则是教与学的对象、工具，如书本教材、多媒体等。客体适配就是要根据多模态教学实施的需要，提前选择能够支持教学工作开展的材料。例如，在听力课上，教师需要提前下载一些听力材料，然后使用多媒体或录音机播放；在阅读课上，教师则可以推荐给学生可读性较强的名著。而日常的教材讲解，也需要教师在备课阶段，制作多模态PPT。结合教材内容，将其中包含的重点、难点知识在PPT上以图片、动画、视频等多模态符号直观地展现出来，充分发挥客体的适配性、激励性作用，提高高校英语教学效率。

（二）主体适配原则

教师与学生都是课堂上的主体。从教学层面上来看，英语教师在收集和整理多模态符号时，应当尝试变换身份、转换角度，尽量从学生视角选择多模态符号内容。例如，所选的图片、动画、视频等，要适合当代高校学生群体的认知规律和兴趣爱好，才能够对他们产生吸引力，进而为课堂教学工作开展提供便利。从学习层面上来看，学生也需要在接收到PPT传达的模态符号后，调动自身的感官做出回应。例如，当PPT上播放听力时，需要调动听觉感官；当PPT上展示图片、视频内容时，需要调动视觉感官。坚持主体适配原则对提升多模态教学模式下师生配合的默契度有显著作用。

（三）阶段适配原则

英语学习是一个渐进性的过程，在不同的阶段，学生的基础水平、理解能力都会发生很大的变化。为了更好地体现多模态教学模式的优势，我们在运用这一教学策略时，也需要树立动态理念，坚持阶段适配原则。从实际出发，不断地调整模态组合和教学模式。例如，听力部分是全国英语四、六级考试的重点内容，也是英语核心素养中的主要组成部分。利用多模态教学模式进行听力训练，第一阶段是要根据班级中学生的听力水平，选择难度适宜的听力材料。同时教师需要提前听一遍，检查语速的快慢、信息是否全面、问题设置是否合理。第二阶段是听力过程中，观察学生注意力是否集中，是否面露难色、愁眉紧锁等，判断听力材料的难度。第三阶段则是结合听力材料进行讲解。在不同的阶段，实现了音频模态、口语模态、文字模态的适配与组合。

三、"互联网 +"背景下高校英语多模态教学的意义

在高校英语教学中，互联网的地位日趋重要，可以说网络改变了人们的教育观念和教师的教学方式。"互联网 +"背景下，高校英语教师应利用多媒体资源、网络等，把语言、图像、音乐、网络等多种符号模态引入教学过程，用多种模态激发学生的各种感官，充分调动学生的多种感官参与学习中来。

高校英语是高校众多学科课程中一门重要的公共基础课程，然而对于大部分学生来说，原来的英语课堂学习枯燥乏味，学习效果差；互联网的出现，在一定程度上突破了传统教学的局限，图片、视频、音频、PPT、网络空间、微信公众号平台、云空间等资源被引入英语教学和英语学习中，为课堂教学注入了新的生机和活力，为学生的英语学习增添了兴趣和自信。

在教学中，正确合理地使用现代化的互联网资源，可以刺激学生的听觉、视觉、触觉等多种感官，让学生主动参与到学习中去，让学生更深层次地去理解及掌握英语词汇、语音、语法、语言学、文学等。学生只有成为课堂学习的主人，做到积极探索知识，才会收获知识，才会提高英语课堂教学效果。另外，传统的教学中，教师提供的信息量非常有限，满足不了学生的个性需要，而互联网的出现解决了这一问题。在多媒体手段及网络技术的帮助下，多模态教学模式能创设真实的语言学习环境，创设真实的学习交流平台，创建丰富的学习资源平台，让学生通过多方面的感官，轻松、自主、不知不觉地提升个人语言学习能力和听说能力，并增加学习自信心，这正是这一教学模式的优点和魅力所在，也是为什么要在高校英语教学中应用这一教学模式的原因所在。互联网已成为教师教学的重要工具，充分利用互联网及多模态教学模式势必对高校英语教学产生巨大的影响和推动作用。

四、"互联网 +"背景下高校英语多模态教学的构建策略

互联网时代的到来为多模态教学引入高校英语课堂提供了基本的技术条件。任何学生都可以克服时间和空间的限制，随时随地地利用网络获取自己需要的资料信息，还可以根据自己的兴趣爱好去浏览网页、观看视频、收听音频资料，参与在线讨论等，这与多模态化高校英语教学是相辅相成、相互促进的。多模态化英语教学作为一种新兴的教学模式，充满前途和活力，在互联网时代下必将日渐完善。如何充分利用互联网去建构多模态化的高校英语教学呢？

（一）充分利用多媒体资源

计算机多媒体技术被引入教育教学过程，是课堂教学的一次重要变革。多模态教学强调调动学生的多个感官，实现英语学习的目的。多媒体课件正是一种能把文本、

图片、音频、视频、动画、特效等有效结合的资源。制作一个多媒体课件需要教师精心充分的准备，针对不同的教学内容和教学任务，教师可以搜集文本、图片、音频、视频等资源，将所搜集的材料整理设计，制作出真实、针对性强、易理解的多媒体课件。学生的阅读对象不仅有文字和图片，而且有大量的动画、大量的视频音频资料。多媒体课件以其鲜明的教学特点、丰富的教学资源、形象生动的情境，充分调动学生的主体性，使学生在学习过程中真正成为信息加工的主体和知识的学习者，设计教学内容时可以将电脑、投影仪、音响等设备加以利用，刺激学生的多种感官，加深学生对所学知识的理解和印象。合理恰当地运用多媒体课件进行辅助教学，可以充分调动学生多种感官参与认知和思考，促进高校英语的多模态化教学，激发学生学习的兴趣，营造良好的教学气氛，提升高校英语课堂教学效果。

（二）建设多模态化英语网络空间

随着网络技术日新月异的发展，如今我们对于"校园网""信息高速公路""微信""论坛"等字眼已经耳熟能详，网络时代已经全面到来。近年来，各高校都建设了自己的网络空间。网络空间教学就是指教师与学生通过网络平台所进行的一种新型的师生教学互动活动，教师和学生可以在网络空间平台上创建实名认证的空间页面，师生在空间平台上进行学习和互动交流。

实施英语网络空间教学后，师生之间可以克服时间和空间的阻碍，在论坛、即时问答、在线讨论等栏目下进行有效的互动交流，师生之间关系更加和谐融洽。教师可以利用网络空间批改学生作业，学生可以在规定时间内随时在线提交作业，实现了作业批改的先交先改、及时反馈、在线修改等，不仅节省了纸张，还提供了一个师生之间有效交流互动的平台。学生积极参与也是网络空间教学发挥作用的关键，学生需要登录网络空间做作业、写心得，分享英语学习相关视频、音频、文本资料，使学生成为学习过程中真正的主体，通过利用网络空间资源刺激学生的多个感官，激发学习者英语学习兴趣，提高英语教学效果，达到有效学习的目的，实现多模态化高校英语教学的有效实施。

网络空间还可以实现资源共享，最大限度地呈现所有英语教育资源，实现在线网络上课，所有的教学过程都在网络空间公开，这能激发老师的创新意识，真正推进高校英语教学的全面深层次改革，能促使每位师生竭尽全力建设好自己的教学空间，从而加强老师之间、学生之间的相互竞争意识，实现师生互动、生生互动和师师互动。高校英语教学应营造多模态网络空间环境，发挥多模态网络空间教学效果，优化多模态网络空间教学活动，遵循多模态网络空间教学特点，顺利推进互联网环境下多模态化高校英语网络空间教学。

第三节 "互联网 +"背景下高校英语翻转课堂教学模式建构

一、翻转课堂教学的概念

（一）翻转课堂的兴起与发展

1. 翻转课堂的兴起

一般认为，最早对翻转课堂进行研究的是美国高中的两位化学老师，最早将翻转课堂付诸实践是可汗学院。事实上，翻转课堂的实践最早源自 19 世纪早期的西点军校，著名的西尔韦纳斯·塞耶（Sylvanus Thayer）将军拥有自身的一套教学技巧与方法，即在课堂开始之前，学生往往通过教师给予的资料进行提前学习，课堂的时间则用于对课前学习的内容展开讨论与批判思考。这一教学手段是翻转课堂的雏形与起源。

1991 年，哈佛大学物理学教授埃里克·马祖尔创立了 PI（Peer Instruction）教学法。学习主要分为以下两个步骤：①对知识进行传递；②将知识加以内化。这一观点是翻转课堂构建的重要基础，且认为翻转课堂最独特的地方就在于将知识传递与知识内化相互颠倒。2000 年，美国莫琳·拉赫（Maureen Lage）、格伦·普拉特（Glenn Platt）等教授在迈阿密大学讲授"经济学入门"课程时，运用了一种新方法，让学生提前观看视频，课堂上以小组合作形式对家庭作业进行处理。这一教学模式其实也属于翻转课堂教学，只是未提出专门的名词。

2. 翻转课堂的发展

翻转课堂这一模式在美国多个地区流行起来，但是尚未大范围地推广。这是因为，很多教师虽然对翻转课堂模式持认可的态度，愿意参与翻转课堂教学实验中，但是要想实现这一模式，必须要制作教学视频。但实际上，并不是每位教师都能够做出高质量的视频来。美国"可汗学院"的快速发展，使翻转课堂的这一问题得到了很好的解决，并推动翻转课堂向前发展。

2004 年，美国的教育工作者萨尔曼·可汗（Salman Khan）在为他的表弟辅导功课时录制了视频，他觉得录制课程可以让表弟对重点和难点进行回顾和复习，而不用再担心因为未上课而不能学习。2011 年，萨尔曼·可汗在 TED 大会上的演讲报告《用视频重新创造教育》中提到：很多中学生晚上在家观看可汗学院的数学教学视频，第二天回到教室做作业，遇到问题时则向老师和同学请教。

2007 年，科罗拉多州林地公园高中的两位化学老师乔纳森·伯格曼（Jonathan

Bergmann）和亚伦·萨姆（Aaron Sams）也开始使用录屏软件录制 PowerPoint 演示文稿的播放和讲课声音，并将视频上传到网络，以帮助缺席的学生补课。后来，这两位老师让学生在家看教学视频，在课堂上完成作业，并为学习中遇到困难的学生进行讲解。这种教学模式受到了学生的广泛欢迎。为了帮助更多的教师理解和接受翻转课堂的理念和方法，他们于 2012 年 1 月 30 日在林地公园高中举办了翻转课堂"开放日"，让更多的教育工作者来观看翻转课堂的运作情况和学生的学习状态。通过实践发现这一模式的效果优于传统模式，此后，这一模式在美国中小学教育中快速得到了推广。

（二）翻转课堂的定义

通常来说，大家对翻转课堂最朴素的解释就是，将传统的课堂学习和课后作业的顺序进行颠倒，即将知识的吸收从课堂上迁移到课外，知识的内化则从课后转移到课堂，学生课前在网络课程资源和线上互动支持下开展个性化自学，课堂上则在教师引导下通过合作探究、练习巩固、反思总结、自主纠错等方式来实现知识内化。随着教学过程的颠倒，教与学的流程、责任主体、师生角色、课内外任务安排、学习地点和备课方式等方面都发生了明显变化。与传统意义上的课堂教学结构相比，翻转课堂颠覆了人们对课堂模式的思维惯性，改变了学生学习流程，从新的角度揭示了课堂的新形式、新含义。

有人认为，"翻转课堂"打破了持续几千年的教学结构，颠覆了人们头脑中对课堂的传统性理解，倡导先学后教、以学定教，赋予了学生学习更多的自主性和选择性，强化了师生之间的沟通与交流，实质是学生学习力解放的一次革命。这不仅契合了国家教育信息化发展规划指导思想的核心——创新学习方式和教学模式，也因此被称为传统教学模式的"破坏式创新"，成为信息技术与学习理论深度融合的典范。

（三）翻转课堂与传统课堂的碰撞与对接

翻转课堂在美国流行多年，被认为是"未来教育"的曙光。国内很多专家学者也对翻转课堂极力推崇，对信息环境下的课堂教学实践也进行了多次探讨与尝试，但是在具体的实施过程中，能够取得明显效果的学校并不多，这不得不引人深思。

1. 翻转课堂与传统课堂的碰撞

翻转课堂与传统课堂的碰撞，主要体现在教育理念上，因为翻转课堂难以摆脱"应试教育"的枷锁，且翻转课堂要求革除传统教育理念、教学方法上的弊端。下面就对这两点做具体论述。

（1）翻转课堂难以摆脱"应试教育"的枷锁。众所周知，在新形势下，传统的教学模式已经与当今的课堂不相适应，但是面对毕业、就业压力，当前的教育仍旧未脱离"应试教育"的枷锁。目前的教育要求学生要学会自主探究、自主预习、自主总结，同时培养学生自身学习的习惯与思维，要在教师的指导下体验概念与规律的探究过程，并在学习中培养求知精神。但现实是，在课堂教学中，很多教师主要侧重于讲授，对学生进行"满堂灌"式的教学，未能顾及每位学生的接受与感受情况，使学生的主体地位丧失。也就是说，当前的课堂教学中，教师的教学思想还未根本改变。

很多家长对于学生的考试成绩过分看重，却忽视学生综合素质的提升，教师也未考虑学生的全面发展与终身发展，一味地追求成绩，导致课堂教学主要以知识传授为主，教学过于机械化，搞题海战术，这就很容易让学生丧失探究能力与解决问题的能力。因此，如果不对传统教学观念与方式进行改变，包含翻转课堂在内的任何教学形式都很难进行到底，教学大纲的要求也就很难实现了。

（2）翻转课堂要求革除传统教学理念、教学方法上的弊端。受应试教育的影响，很多教师在教学理念、教学方法上存在弊端，具体来说，这些弊端主要包含以下两个层面：①教师将教学视作实现教学目的的手段，教学是一个控制过程，是知识传递的工具，因此，教师只关心如何选择教学手段，而忽视对教学目的本身的质问；②教师将教学视作教与学的简单拼合。教师教授的是书本的知识，是简单的信息传递，学生学的是教师讲解的知识，是被动接受的容器。忽视学生体验，忽视学生发挥自身的主观能动性，缺乏生生互动。

基于此，传统教学模式下的教学阻碍了学生人格的全面发展，使学生成为应试的机器，这样的教学与教学目的相背离。翻转课堂这一模式，要求教师对教育观念进行改变，他们是否愿意改变，是必须要解决的首要问题。这种教学模式还需要教师具备一定的信息素养，这样才能做得更好。可见，翻转课堂要求教师具备较高的素质与能力，要不断地在知识的海洋中充实自我，要不断发挥自身气场对课堂的节奏与进度加以控制，要有宽广的视野来引导学生探索更大的世界。

2. 翻转课堂与传统课堂的对接

虽然传统课堂教学有着明显的弊端，翻转课堂的优势也凸显出来，但并不是说要完全舍弃传统课堂，而是要求二者的完美对接。具体而言，主要从以下四点着手。

（1）学校作息时间安排问题。翻转课堂教学需要学生花费很多的课后时间展开自主学习，要求教师在教学时间上进行合理安排。在翻转课堂教学中，教师不应该占用学生过多课余时间，应该让他们能够有时间开展自主学习。学生在课后的主要任务就是观看教学视频，进行针对性练习。

（2）学科适用性问题。目前，国外的很多翻转课堂教学实践都是针对理科而言的，且理科具有明确的知识点、概念等，教师只需要讲好一个公式、一个例题就可以，因此容易实施翻转课堂。但是，对于文科来说，其讲授的内容比较广泛，需要师生之间展开思想、情感上的交流与沟通，因此，这就要求教师要不断提升教学视频的质量，通过教学视频,将所要简述的知识点进行概括,将相关的理论加以阐述,让学生在课后查阅相关的资料,并进行主动思考,然后在课堂上与教师或其他学生进行讨论,直至深化对该问题的理解。因此,对于不同的学科,教师需要采用具体的策略来实践翻转课堂,并从学生的反馈情况入手,对相应的教学情况加以改革。

(3)教学过程中信息技术的支持。翻转课堂的实施必然需要信息技术的支持,教师对教学视频的制作、学生的观看等,都需要信息技术的参与。但是目前,网络宽带、速度等问题对我国各大高校开展在线教学有一定的限制,因此在实施翻转课堂教学时,学校需要对这一问题加以解决。同样,在教学视频制作的质量上,教师也需要进行拍摄、剪辑等,因此需要一些专业人士的辅助,当然,不同的学科有不同的风格,教师需要根据自身学科的特点来定。

(4)对教师专业能力的挑战。在翻转课堂实施过程中,教学视频的质量、与学生展开互动指导、课前学习任务设计等都需要教师完成,因此在实施翻转课堂时,要加强对教师进行培训。在提高他们专业理论水平的基础上,不断提高他们的科研能力,对学生的个体差异进行关注,并给予个性化指导。同时,对教师的技术素质也需要进行培训,以便于他们制作出生动活泼、丰富的视频资源。

二、高校英语翻转课堂教学的意义

翻转课堂教学为英语教学提供了新的平台与良好的契机,从本质上体现了英语教学改革的深化,帮助英语教学突破困境,为学生的英语学习提供便利。下面就具体分析英语翻转课堂教学的优势。

(一)便于学生开展个性化学习

由于学生很多都是来自不同的地方,他们的基础水平不同,对英语的认知程度与爱好程度也不同,因此呈现了明显的参差不齐。虽然现代的教学研究领域对这一点已经予以关注,但是传统的英语教学模式很难改变这一现状,尤其是很难实现分层教学,相比之下,英语翻转课堂教学恰好能从学生的学习兴趣出发,根据学生自身的能力展开教学,这样可以使不同阶段的学生获取符合自身水平的知识,从而循序渐进地展开英语学习。

(二)便于学生自由安排时间

英语翻转课堂教学有助于学生对自己的英语学习时间进行安排,尤其是对毕业生而言,有助于他们平均分配自身的学习时间,将一部分时间用于自身的实习工作上,另一部分业余时间用于开展知识的学习。对于这一部分学生而言,英语翻转课堂教学非常符合他们的需求,且便于他们恰当安排自身的工作与学习时间。

（三）便于英语基础薄弱的学生反复学习

在传统的英语课堂教学中，教师将教学的重心置于那些优秀的学生身上，因为在教师的眼中，这些学生可以紧跟教师讲课的步伐，且愿意参与教学中。但是，教师不能忽略的一点是，班级除这些优等生之外，还有一些英语基础薄弱的学生，这些学生在课堂上往往是被动地听课，很难追赶上教师的讲课步伐，基于这些学生的情况，英语翻转课堂教学可以帮助他们开展反复学习，即对教师课堂讲授的内容进行循环播放，以获取与理解所讲知识，直到真正地明白。另外，英语翻转课堂教学有助于教师节省时间，让他们将更多的精力放在那些英语基础薄弱的学生身上。

（四）便于师生之间互动

与传统的英语课堂教学相比，英语翻转课堂教学便于师生之间进行互动，改变他们传统的相处模式，且彼此之间是一个一对一的交往方式。如果学生对某一或某些知识点存在疑惑，那么教师可以将这些学生存在困惑的知识点加以整合，并对其进行解析，帮助学生解惑。除此之外，在英语翻转课堂教学上，学生也会不断地进行互动，他们不会再将教师作为唯一的知识来源，还可以通过与其他同学之间的互动来获取知识。

（五）便于人性化的课堂管理

在传统的英语课堂教学中，教师为了让学生能够更好地获取知识，往往非常注重课堂管理，强调学生应该集中注意力。这是因为，在教师眼中，如果学生被某些事情扰乱了思绪，那么必然会影响他们的听课效果。相较于传统的英语课堂教学，英语翻转课堂教学是不存在这一情况的。这可以从以下三点来理解。

1. 英语翻转课堂教学将学生的主动权归还给学生

英语翻转课堂教学强化了师生间、生生间的互动关系，让学生有了足够的主动权，发挥自身的主观能动作用，投入学习之中。虽然在传统的英语课堂教学中，教师也会对学生进行辅导，但是基于传统理念，教师的辅导仅限于形式上，教学活动仍旧在于讲授，学生并未占据主体地位。在"互联网+"背景下，英语翻转课堂教学使得学生的主体地位得以确立，学生能够根据教师给予的资源开展自主学习，遇到不懂的问题，可以在课堂上与教师展开讨论，更加深入透彻地理解所学知识。

2. 英语翻转课堂教学扭转了传统的教学模式中学生的学习态度与观念

在英语翻转课堂教学中，学生的学习内容是从自身的需要考量的，根据自身的兴趣来定位。基于总体学习目标，学生根据教师提供的学习资料与路径，对自身的知识进行建构，提升自身的英语水平。

3. 英语翻转课堂教学逐渐降低了学生对教师的依赖程度

在英语翻转课堂教学中，学生对知识的习得是最主要的，他们并不完全依赖于教师，因此学生占据主体地位。英语翻转课堂教学要求学生要自主学习，久而久之就会形成一种习惯，使他们愿意去接受与学习知识，并展开与其他同学的探讨，这样不仅有助于提升自身的英语水平，还有助于加强自身与他人的交流。

三、"互联网 +"背景下高校英语翻转课堂教学的机制

翻转课堂作为一种颠覆传统课堂的教学模式，其教学设计过程当然不同于传统教学设计过程。虽然国内外出现了各种各样的翻转课堂教学，但它们都建立在课程资源、教学活动、教学评价和支撑环境这些要素的基础之上，因而翻转课堂教学的设计也是以此为依据的。

（一）设计英语教学过程

美国创新学习研究所（innovative learning institute，ILI）提出了翻转课堂设计流程。ILI 认为，翻转课堂的设计过程主要包括确定学生课外学习目标、选择翻转内容、选择传递方式、准备教学资源、确定学生课内学习目标、选择评价方式、设计教学活动、辅导学生八个主要环节。

1. 确定学生课外学习目标

英语文化教学中翻转课堂教学过程的设计首先要确定学生的学习目标。翻转课堂使课内教学和课外教学进行了颠倒，学生一共需要完成两次知识内化过程，第一次知识内化是在课外自主学习新知识，第二次知识内化是在课内完成的。显然，课内和课外对学生的要求是不同的，学生需要在课内外实现不同的学习目标。

2. 选择翻转内容

当确定了翻转课堂的课外学习目标后，就要结合学生本身的认知规律和特点去选择课外自主学习的合适内容。课外学习目标主要是低阶思维的目标。

3. 选择传递方式

选择内容传递方式是指确定学生的自主学习内容通过什么媒体工具表现出来。教师要结合特有的接收设备情况、学生的地理位置、学习内容的形式和资源大小等因素，选择有利于学生开展个性化学习、传递内容形式丰富、传递速度快、获取方便的内容传递方式。

4. 准备教学资源

在确定了学习内容及其传递方式后，就可以搜集相关的网络学习资源供学生学习，或者开始制作、开发新的相应的学习资源。在该环节需注意，无论是利用已有的学习资源还是自己新开发的学习资源，均需与先前确定的学习内容保持一致，并且资源的形式、大小等要求也需和传递工具相匹配。

5. 确定学生课内学习目标

第一环节确定的是课外学习目标，是针对低阶思维技能的学习目标；本环节确定

的是课内学习目标，是针对分析、评估和创造等高阶思维技能的目标。因为在课外，学生能参与的更多是培养其识记、理解和应用等学习内容，而在课内学生是通过与同伴和教师面对面地交流、讨论和开展协作探究等活动。所以，这一环节的学习目标与第一环节的学习目标有所不同。

6. 选择评价方式

在教学正式进行前，教学中的主体者和主导者即学生和教师都要对课堂教学活动提前做好充分的准备。对于教师而言，选择一种合适的评价方式非常重要。低风险的评价方式应该是教师的理想选择，它是指不对学生的评价结果进行分数、等级的评比，而仅作为发现学生学习问题的一种教学评测方式。通过低风险的评价方式，教师可以发现学生学习真正的难点，以便教师和学生调整教学计划和学习计划。低风险的评价方式有很多，其中一种就是常用的课前小测验，这些小测验的题目量并不多，一般只有 3 ~ 4 个问题，针对的内容是学生在课外自主学习的内容，其不仅是检测学生在课前学习的事实性知识，更重要的是为学生提供一个综合应用所学知识的机会。通过课前小测验，教师能及时地把测验中出现的问题反馈给学生，学生也可以向教师提出自身遇到的问题，并通过与教师交流促进问题的解决。

7. 设计教学活动

如前所述，课外的学习内容和活动主要帮助学生解决识记、理解类的知识，在课内则是帮助学生解决学习难点，并充分应用所学知识，学习更深层次的内容。当通过课前评价了解到学生真正的学习难点后，教师需有针对性地设计具有导向性的课堂教学活动，以便更好地培养其分析、评估和创造等高阶能力，可采用如基于项目的学习、基于问题的学习、协作探究学习等形式。

8. 辅导学生

教师作为教学的主导者，在各种形式的教学活动中都要充分发挥自身的主导作用，只有这样才能取得良好的教学效果。具体而言，在学生进行教学活动时，教师需提供相应的"脚手架"，为学生更好地开展活动提供必要的支持。另外，在必要的时候，教师还应该对一些理解学习内容和活动有困难的学生提供个性化辅导。在整个学习活动中，教师需给予提出疑问的学生及时的反馈，在学生汇报学习成果或学习结束后，教师要进行统一的总结反馈，以促进学生进行知识的内化和升华。

（二）开发英语教学资源

1. 支持翻转课堂的信息化教学资源

广义的教学资源是指用于教与学过程的设备和材料，以及人员、预算和设施，包括能帮助个人有效学习和操作的任何东西。而随着信息技术的发展，信息化教学资源的概念就出现了，它是指在以网络和计算机为主要特征的信息技术环境下，为教学目标而专门设计的或者能为教育目标服务的各种资源,包括教育环境资源、教育人力资源和教育信息资源。

随着信息化资源的发展与教育应用,翻转课堂教学理念才得以提出。从上述翻转课堂的完整过程可知,支持翻转课堂需要用到的信息化教学资源主要包括教学视频、进阶练习、学习任务单、知识地图和学习管理系统五大类。翻转课堂教学的实施,不仅需要上述教学资源作为主要资源,还需要借助一定的教学辅助工具软件,该类教学资源几乎贯穿翻转课堂的全过程,其作用主要是帮助教师进行教学视频的制作、师生间开展交流协作、学生学习成果的展示等。按照作用于翻转课堂教学开展过程中的不同方面,可以将教学辅助工具分为视频制作工具、交流讨论工具、成果展示工具和协作探究工具四类。

2.遵循资源选择原则

翻转课堂的资源包括教学视频、进阶练习学习任务单、知识地图、学习管理系统和各类教学辅助工具等。每类资源都不是完美的,不存在放之四海而皆准的资源。每类资源都各具特点,并且每类资源可供选择的具体资源种类、载体类型众多,因此教师应根据教学实际需要选择合适的翻转课堂的教学资源。一般而言,翻转课堂教学资源的选择需遵循最优选择原则、具有较强兼容性、多种媒体组合。

最优选择原则上是指教师根据教学内容和教学目标的要求,选择存储和传递相应教学信息并能直接介入教学活动过程中的载体,就是选择教学资源。具有较强兼容性是指当众多便携式的移动智能终端在高校英语教学中广泛应用以后,高校英语教学不仅变得更加高效,也发生了一场变革。在这种情形下,翻转课堂理念变得普及起来,翻转课堂的应用也得以在大范围内开展。翻转课堂实施的普遍现象是,学生利用各类移动设备,如平板电脑、智能手机等进行课外自主学习,课内教师利用移动终端设备进行授课。因此,资源载体的改变,迫使资源的形式也做出相应的改变,要求其必须兼容各类学习终端设备,在各类终端设备中都能流畅运行。

多种媒体组合是指翻转课堂教学真正做到了以学习者为中心,这对后期的教学资源的选择也有着一定的指导作用。在选择教学资源时,教师应该考虑学生的兴趣、生活现实,尽可能选择丰富的教学资源形式,即有机结合文字、图片、声音、视频、动画等多种媒体形式。

(三)设计英语教学活动

根据前面所述的翻转课堂的完整过程,翻转课堂教学活动设计包括课外活动设计和课内活动设计两个部分。

1. 设计课外学习活动

翻转课堂的课外学习活动一般属于线上活动，主要包括以下三类。

（1）在线学习。在课外，学生通过阅读相关电子书籍、资料或观看教师提前准备好的讲授视频，掌握并理解课程中重要的信息。在线学习主要有阅读电子教材和观看教学视频两种形式。有时为了加深学生对信息的理解，在线学习的材料还附加了一些引导性问题、反思性问题、注释、小测验等，用于辅助学生进行自主学习。

（2）交流讨论。通过在学习管理系统中开辟一个专门的讨论区，或借助专门的在线交流工具，教师和学生以课外学习内容为主题展开交流和讨论。讨论主题既可以是教师预设的，也可以由学生创设。这样，一种师生在线辅导和生生自己组织学习的学习模式就形成了。借助这种学习模式，学生掌握学习内容的速度较快，并且掌握的层次较深，从而为课内的学习活动做好准备。

（3）在线测评。在学生完成了新知学习任务后，可以进行在线测评。在线测评一般采用低风险、形成性的评价方式，不仅检验了学生的学习成果，还提供了学生反馈问题的机会。通过在线测评，教师和学生在课内教学活动开展前针对问题提前做好准备。

2. 设计课内学习活动

根据翻转课堂的特点，影响翻转课堂教学效果的最大因素是如何通过课堂活动设计完成知识内化的过程。在设计课堂活动时，关键要看情境、协作、会话等要素是否有利于学生主体性的发挥，从而促进学生达到高阶思维能力的目标。课内学习活动一般可以分为个体学习活动和小组学习活动。

第四节 "互联网+"背景下高校英语云端网络教学体系构建

一、云端教学的概念

所谓云端教学，就是利用计算机、平板电脑、互联网等技术对数字教学内容进行整合，在云端教学环境下，教室里的黑板变为电子白板，教室里每个学生通过使用平板电脑经无线网络连接系统进行学习。

二、云端教学在高校英语教学中的意义

（一）有利于推动教学模式创新

传统的英语教学模式下，大部分时间是教师在上面讲，学生在下面听，教师课堂上所讲解的内容也仅局限于书本上的知识，在有限的课堂时间里，学生很难真正学到

东西，学生的学习效率及课堂的教学效率都很低。随着教育改革的不断推进，这种教学模式已很难满足如今教学的需要，而云端教学模式正是对传统教学模式的极大创新，这种模式下，课堂教学不再是以教师为主，而是将学生也纳入主体中，这大大改变了传统的教师讲解学生听以及课堂内容都是以书本为依据的教学模式，也大大提升了高校英语教学的效果，更有助于学生自身素质的综合提高。

（二）能够推动理论与实践结合

在高校英语教学的传统模式下，课堂内容主要以书本上的理论为主，虽然英语教学一直在强调加强实践，但是现实中这些实践教学课程大多是空设，学生每天在课堂上学到的依然仅仅是理论知识而已，久而久之，学生很容易对英语课程失去兴趣，也很难将所掌握的课堂知识运用到现实中。这种教学模式不仅不能提升学生的英语能力，相反还会造成该门课程教学的严重滞后。而云端教学则与传统教学方法大为不同，它对理论和实践进行了充分的融合，学生能够在实践中运用所学到的东西，还能在实践中找到自己的不足，进而在教师的帮助下进一步提升，所以云端教学对高校英语教学来说有着极大的现实意义。

三、"互联网 +"背景下高校英语云端网络教学体系的构建

（一）构建"云端一体化平台"

1. 明确教育思想

各大高校英语教师在运用这一模式来进行英语教学的过程中，一定要从学生的个人实际能力出发，同时重在考虑培养学生的职业发展能力，在此基础上寻求最适合学生以及教学实践的英语教学方法，如大力培养学生的口语能力，让学生多进行英语上的实践，最终会取得更好的教学效果。在日常教学中，高校英语教师可以将教学内容分为多个不同的模块，将教学目标进一步细化，这样能大大提升课堂教学效率，也能鼓励学生自主学习，为学生创造独立练习英语的氛围，能让他们更好地掌握英语知识并加以运用。

2. 建立开发机制

对高校来说，培养有技术的专业型及实践型人才是其教育的目标，所以，高校英语教师在采用"云端一体化平台"模式进行英语教学时，需要建立相应的开发机制，在日常教学中要时刻记住将实用性作为教育的重点，一定要注重提升教学内容的实践性，让学生能够对所学知识学以致用，在日常生活中能够得到充分利用，最终将英语知识充分消化并吸收，再清晰地表达出来。高校英语教学在运用"云端一体化平台"模式时需要借助相关的教材，但是很多高校本身没有对英语课程进行清晰的定位，教材的选择没有针对性，较为随意，所以，要想让英语课程有更好的教学效果，应该在

这方面进行改善，选用英语教材时需要选用有专业度的，这样才能更好地提升学生的英语现状。

3. 强化实践导向

"云端一体化平台"教学模式与传统的教学模式不同，它非常注重教学的实践性，在理论基础上进一步往实践方向引导，让学生学到的东西能够在日后的就业中真正用于实际。对高校来说，英语课程的设置更应该强调实践性，让学生在学习的过程中能够有更多的机会实践，让他们自主地融入学习氛围中来，而不是被动地去接受教师在课堂上对书本知识的灌输，这样能够更好地激发学生的积极性和创造性。与本科生相比，高职院校的学生英语基础较差，学习能力也有一定的差距，所以，高职院校的英语教师在日常的教学中应该选用不一样的教学方式，制定更适合高职院校学生的教学目标，而"云端一体化平台"的应用则非常适合高职院校的学生，在强调实用性的基础上，能更好地培养新型技能型人才。

4. 发挥主体作用

"云端一体化平台"教学模式不再像传统教学模式下课堂教学以老师讲解为主，而是让教师和学生都融入课堂中来，充分发挥这两个主体的作用，这种模式也越来越受到英语教师的重视。在高职院校中，采用这种模式来进行教学能够更好地提升学生的学习积极性，让他们自主地参与英语学习。在这个过程中，教师需要非常明确自己的职责，在课堂中对学生进行积极的引导，针对学生不懂的问题要耐心地进行讲解，与学生进行良好的互动，这样能创造更好的学习氛围，"云端一体化平台"教学模式在这样的教学环境下也能获得更好的效果。

（二）实现"教学评一体化"

1. 课前研课标、定目标

（1）集体备课，智慧共享。多名教师定时通过微信平台召开会议，分配任务、制订详细计划、开展集体备课，深入解读课程标准，精准叙写每节课的学习目标，为在线指导提供完备的资源保障，实现资源共享，形成教学合力。

（2）技术支持，深度教研。教师要精心设计每节课的教学流程，制作PPT，微课和学习导学案。同时，教师还积极探索借助腾讯会议、腾讯QQ、微信等各类平台开展在线答疑辅导教学活动，以确保学生在家也能够享受到优质的教学资源。

（3）翻转自学，有效预习。教师课前推送微课和电子预习单，学生利用计算机、平板、手机进行翻转自学，学生根据自己的学习情况调整学习进度，完成预习目标的同时进行自我评价反馈，突破学习时空的限制。教师在软件平台上实时看到学生观看微课的次数，完成预习单的情况，根据学生自评以及教师的评价，对评价任务和教学活动进行及时的补充与完善。

在"教、学、评一体化"原理支撑下,教师借助线上教研方式,基于课标深度研读教材,制定学习目标,用合适的评价任务引导学生主动参与、自主探究,引发学生思考,激发学生学习力,为挖掘有深度的课堂和建设高效度的课堂做充足的准备。

2. 课中做任务、及时评

(1)明确目标,任务驱动。"教、学、评一体化"的前提是清晰的目标,针对同班级学生在思维发展水平、智力和认知结构方面的差异,分层次确立目标。教师提前将任务清单发到班级学习群中,让学生明确学习目标。

(2)板块式推进,实时在线直播。根据学习目标,设计相应的评价任务,进行板块式推进。启用腾讯会议直播进行在线教学,教师在线实时指导。教师可以实时监控学生的学习表现,通过及时评价,反馈学习情况,调整学习状态,以便实施课堂内分层教学,打造有梯度的课堂。

(3)交互式合作,分层次灵活教学。通过教学助手中互动课堂软件的运用实现生生之间、师生之间的交互式合作学习,完成评价任务并通过学生的反馈及时调整教学活动。同时,利用互动课堂中"随机挑火""小组评分""作品展示"等小工具,引导学生主动参与学习活动,使师生之间进行有效的交互。对课堂组织方式进行相应的调整,开展小组合作、师徒结对等,在课堂中完成小组讨论、汇报等环节,实现生生之间的合作学习。课堂学习的任务都可以利用互动课堂中课堂统计获得数据,解决了课堂教学个性化和学习监测难以实现的问题。云端教学中教师通过评价任务反馈、设计系列化的学习活动,实施课堂内的分层教学,从课标、目标、学情出发,让不同层面的学生能逐次掌握学习目标,形成多向互动的课堂教学局面,从而打造有梯度的课堂和营造有参与度的课堂。

3. 课后巧提升、多展示

(1)因材施教,分层指导。作业提前布置到"班级小管家"中,根据课堂上不同层面的学生完成学习目标的情况提供自选作业。针对学生的作业进行分层式奖励和评价:优秀生利用英语 App,如"趣配音",每日完成配音任务提高口语水平;后进生建立"口语打卡群",教师每日指导让学生渐渐爱上学英语。

(2)同步展示,学生互评。优秀生的作业可以同步展示给班级中每个学生,定期采取学生结对互评的方式来进行作业互评和批改,让学生认识到差距,取长补短,优秀生的精彩作业展示也会起到榜样示范作用。

(3)活动助力,检验目标。达成教学的有效性在于目标的达成,在于学习结果的质量,通过组织开展"英语课文表演大赛""英语线上写作比赛"等形式,给学生提供展示自我的平台,让学生在云端"起舞",检验学生的学习效果,提升学生英语素养。

（4）评价诊断，反馈总结。为提高教学效率，达到有效教学的目的，英语组每周一次线上听评课，制定观课量表，从多角度对教师"教、学、评一体化"课堂教学进行观测。开展评课教研，不断改进英语教学设计，提升课堂教学效率。

云端教学坚持以生为本，尊重学生的个体差异，创设有温度的课堂。灵活采用多种方式最大限度地完成每节课目标，人人有所获。所以学生兴趣浓厚、主动参与、自我体验、思维活跃，目标达成度高，以期建设高效率的课堂。

第五章 "互联网+"背景下高校英语教学创新评价

高等教育的网络化对高校英语教学提出了新的要求，其不仅要求高校英语教学更新理念、改变方式，还要求对教学评价进行反思与评价。现在，高校英语教学的突出问题就是教学评价存在不完善、不合理的层面。因此，目前的高校英语教学应该以互联网作为支撑，对教学评价体系进行改变，使教学评价更具有多元化与科学性。本章就对"互联网+"背景下高校英语教学评价进行分析与重构。

第一节　高校英语教学评价相关内涵解析

一、教学评价的界定

很多人一提到评价，就将其与评估、测试等同起来，其实三者有着一定的区别与联系。简单来说，测试为评估与评价提供依据，评估为评价提供数据，评价是对教与学效果的整体评估。就关系层面来说，三者体现了一种包含与层级的关系。测试充当其他两者的支撑信息。同时，三者又存在明显的区别，具体表现在以下三个层面。

（一）三者的目标不同

就某一程度来说，测试主要是为了满足家长、学校的需要，因为他们需要知道自己的孩子或学生的情况，且与其他学校是否存在差距。当今社会仍旧以应试为主，因此，测试为家长、学校提供了很多信息，也是家长、学校关心的事情。评估主要是为了给教师、学生提供依据，如学习效果、学习中遇到的问题等，有助于教师提高教学的质量，也有助于学生提高自身的学习效率。评价有助于行政部门制定政策，对教学进行合理配置。可见，三者的作用不同，导致开展的范围与采用的方式也有明显的不同。

（二）三者的数据信息不同

测试所收集的数据一般是学生的试卷信息，反映的也是学生的语言水平。从学生的语言运用能力来说，有些部分是无法用测试来评判的。评估可以划分为终结性评估与形成性评估两个部分，前者依据的是测试，后者依据的是教与学的过程，注重学生对任务的完成、概念的理解等层面。当然，其依据更多的是定性分析，而不是定量分析。评价所依据的信息多为问卷、访谈、测试、教师评估等，是定量分析与定性分析的结合，是一种综合性评估。

（三）三者的展示方式不同

测试的展示方式往往是考试，这在前面已经有所论述，最终结果也通过分数排序来展现。相比之下，评估与评价往往是以鉴定描述或等级划分的方式展现出来。

总之，评价在人们的社会活动中广泛存在。有人认为，评价是确定课程能否达到既定目标的一种手段。也有人认为，评价是运用不同的渠道，对学生的相关资料加以收集，并将这些收集的资料与预定的标准相比较，进而做出判断与决策的过程。还有人认为，评价是对相关信息进行收集、综合、分析，从而用这些信息促进课程的发展，对课程的效度、参与者的态度进行评定。但是，更多的人将评价等同于价值判断。就英语的教与学来说，评价指的是学生是否习得某项能力，教师的教学和学生的学习能否帮助学生实现既定目标的一种判断手段。

二、教学评价的划分

由于评价的方式、内容等存在明显的差异，因此对评价的划分也有所不同，具体而言可以划分为以下三种。

（一）过程性评价与目标达成评价

所谓过程性评价，即在学习过程中，对学生的学习活动进行评价与判断，目的在于将学生的学习行为能否与学习目的相符解释出来，且用于评判学生能否实现学习目标。评价的内容包含学习策略、阶段性成果、学习方式等。

目标达成评价既可以是对课堂教学目标达成情况的评价，也可以是对单元学习目标达成情况的评价，还可以是对学期教与学目标达成情况的评价，其包含理解类、知识类与应用类三种目标达成评价方式。理解类目标评价方式表现为解释与转化，往往会采用阅读理解、听力理解等方式，或对阅读文本、听力文本进行选择与匹配等。知识类目标评价方式主要表现为对知识掌握情况的评价，并采用再次确认的方式，一般选择填空都属于这类评价方式。应用类目标评价方式即采用输出表达的方法，要求学生根据阅读与听力材料，进行转述或表达。

（二）表现性评价与真实性评价

1. 表现性评价

所谓表现性评价，是指让学生通过完成某一项或者某几项任务，将自身所掌握的知识与技能表现出来，从而对其获得的成就进行评价。简单来说，表现性评价就是通过对学生完成任务的表现情况及获得的成就进行的评价。表现性评价属于一种发展性评价，其核心在于通过学生完成现实的任务，将自身所掌握的知识与技能展现出来，从而促进自身学习的进一步发展。一般来说，表现性评价具有以下六个特征。

（1）属于教学过程的一部分，其要与课程教学相互整合。

（2）其关注的是学生知识与技能的发展，而不是对知识与技能的再次确认与回忆。

（3）一般情境都是真实的，往往需要学生解决在现实学习中遇到的问题。

（4）学生需要完成的任务一般较为复杂，往往需要学生将多个学科的知识与技能相融合。

（5）对于学生的发散性思维是非常鼓励的，也允许不同的学生给出不同的答案。

（6）其是形成性评价与终结性评价的结合。

综合来说，表现性评价有助于对学生的学习过程与学习结果展开更真实、更直接的评价，能够将学生的文字、口头等表达能力以及想象力、应变能力等很好地展示出来，因此对于英语教学是非常适用的。

2. 真实性评价

所谓真实性评价，是指基于真实的语境，对学生的表现进行评价，是一种要求学生完成真实任务之后，对自身所学知识与技能的掌握与运用情况进行的评价。与表现性评价相比，真实性评价更加强调真实，即任务的真实，一般来说其任务都是人们在现实生活中遇到的问题。

真实性评价也具有表现性评价的那些特征，是表现性评价的一大目标。由于真实性评价要求评价成为教学过程的一个重要组成部分，因此，真实性评价也具有形成性评价的特征。同时，真实性评价又注重任务的整体性与情境性，对终结性测试有很大的影响，因此真实性评价又具有了终结性评价的特征。可以说，真实性评价融合了多种评价手段，是多种有效评价手段的结合。

（三）形成性评价与终结性评价

1. 形成性评价

所谓形成性评价，即在教与学的过程中，通过对信息进行收集与整合，进而促进教与学的发展。简单来说，形成性评价即在教学过程中，教师与学生获得反馈信息，对教与学加以改进，让学生真正地掌握知识的系统评价手段。一般来说，形成性评价具有以下五个特点。

（1）往往作为教与学的一部分而在教与学的过程中呈现。

（2）不是将等级划分作为目标，而是主要将指导、诊断、促进等作为目标。

（3）学生往往充当主体的作用参与其中。

（4）评价的依据是在各个情境下学生的表现。

（5）通过有效的反馈，教师确定学生的水平是否达到预期。

形成性评价集过程性评价、真实性评价、过程性评价于一体，因此其对高校英语教学有着广泛的意义，具体而言总结在以下三点。

（1）改进学生的学习。形成性评价可以将教材中的问题凸显出来，这便于改进学生的学习方法。教师在批改完试卷之后，会将试卷返回给学生，学生通过与答案进行比对，从而发现自己学习中存在的问题，并进行改正。如果教师在评阅时发现很多学生都会遇到同一类问题，这时候教师可以在课堂上进行讲解，以为大多数学生答疑解惑。当然，由于面对不同的学生，教师在给出建议时要考虑符合学生的形式，单独进行讲解，这样才能让学生把握和理解问题。

（2）强化学生的学习。形成性评价有助于强化学生的学习，教师的肯定能够激发学生进一步学习的积极性，从而提升自己的认知与情感。

（3）记录学生的成长。无论学生学习什么内容，都期待自己可以获得进步。同样，在形成性评价中，教师需要根据学生平时的表现进行评价，无论是每堂课的表现还是每个单元的表现，教师应该将这些表现记录下来，从而构建一个成长记录袋或者电子档案，这不仅可以为之后的评价提供依据，还可以为终结性评价提供参考。

2. 终结性评价

所谓终结性评价，是对教师的教学与学生的学习结果的评价，是在教学结束之后，对教与学目标实现程度所进行的评价。因此，其又可以称为"总结性评价"。从定义中可以看出，终结性评价往往出现在教与学结束之后，用于对目标达成情况进行的评价。因此，这一评价方式有时可以等同于目标达成评价。对于教学而言，终结性评价是一个普遍的评价手段，但是其作用是不可磨灭的，具体表现在以下三点。

（1）评定学生的学习成绩。在教学中，终结性评价最常见的用途在于评价学生的学习成绩。通过平时测试、期中与期末测试，教师可以了解学生是否有所进步、是否实现既定目标，从而为学生下一步的学习提供建议。一般来说，终结性评价的总体成绩是平时测试、期中测试、期末测试的综合体。也就是说，在进行评价时，教师应该把这些成绩综合起来评定，最终获得学生的总体成绩与平均成绩。

（2）确定学生的学习起点。终结性评价的结果可以为学生进一步学习提供依据，同时能够反映学生的情感与认知。但是，要想使这一评价发挥最大作用，还需要结合学生具体的分数，以及教师对学生的评语。这样才能帮助教师做出合理的评价。

（3）对学生的学习提供反馈。终结性评价大多在某一阶段结束之后或者某一学期结束之后展开。如果其测试的是学生某一阶段的学习情况，那么所选择的试题应该能够反映学生这一阶段的学习情况，这就是说这一阶段的终结性评价可以为学生前一阶段的学习提供反馈，且这种反馈具有鼓励性与积极性，同时能对前一阶段学习中出现的问题进行纠错。

如果其测试的是学生某一学期结束之后的学习情况，那么对所选择的试题应该进行合理的编制，并且对学生的学习情况进行恰当评分。同时，学生可以从自己的测试结果中获取有效信息，从而改进自己的学习情况，了解自己学习中存在的问题以及成功之处。这些信息有助于为下一学期的学习确定目标。

三、高校英语教学评价的功能

高校英语教学评价能够不断促进学生在学习过程中的成功与进步，从而使学生能够真正地认识自我，促进他们综合能力的发展。另外，高校英语教学评价能够为教师提供反馈信息，从而不断改进自己的教学情况，提升自身的教学水平。总体而言，高校英语教学评价有以下四个功能。

（一）导向与促进

高校英语教学评价应该有助于高校英语教学目标的实现。我们知道，高校英语教学评价不仅需要评价学生对知识的掌握情况，还需要评价学生的学习态度、发展潜能等，只有通过综合性评价，学生才能在英语学习中保持积极的态度，从而形成有效的学习策略，并且具备跨文化的意识。高校英语教学评价应该为英语教学目标服务，这样就要求学生应该从目标出发，对自己的学习制订计划，并不断检验自己的学习方法与学习成果，这样才能将自身的潜力挖掘出来，提高自身的学习效率。因此，高校英语教学评价对于学生来说有着积极的导向作用。

高校英语教学评价会对学生日常学习表现、学生学习中获得的成绩、学生学习的情感与态度等展开评价，通过对学生学习的激励，可以帮助学生对自己的学习过程加以调度，让他们逐渐获得自信心与成就感，培养学生之间的合作精神。为了让评价与教学过程有机融合，学校与教师应该采用宽松、开放的评价氛围来评价学习活动与效果，可以建立相应的档案袋等，这样对教师与学生进行鼓励，从而实现评价的多元化。

（二）诊断与鉴定

高校英语教学评价对教与学的情况进行了整体评判。在教学过程中，学生往往会通过评价量表等对教师的教授情况、学生的学习情况展开检测，这样便于学校、教师、学生了解具体的教与学的情况，判断学生学习过程中有无偏差，从而找出出现问题的原因，并加以改进与提高。

（三）反馈与调节

师生通过问卷访谈等，发现教与学中的优点与不足，对教与学过程中的得失进行评价。通过评价，教师以科学的方式反馈给学生，促进学生产生更为全面与客观的认识，为下一阶段的教与学规划内容与策略，有效地开展教与学活动。

（四）展示与激励

高校英语教学评价对学生的学习过程是非常关注的，让学生认识到自身学习中的成功之处，不断鼓励自己，获得更大的成功。当然，教师还需要适当地提点学生学习中的错误，让他们产生一定压力，从而更加勤奋地参与英语学习中。这种正反鼓励方式，会不断提高学生学习的主动性与积极性。

四、“互联网 +”背景下高校英语教学评价的内容

“互联网 +”背景下高校英语教学评价的对象是与互联网英语教学相关的所有要素，将这些要素进行归类总结，就能得出“互联网 +”背景下的高校英语教学评价的主要内容。传统教育观认为，受教育者、教育者、教育内容、教学手段，也就是学生、教师、课程、教学方法，是组成教学的四个重要因素。根据这一观点，基于“互联网 +”的高校英语教学评价的内容具体包含以下四个部分：学习者评价、教师评价、课程评价和教学过程评价。这四项内容之间既相互独立又相互联系、相互作用，对其中一个方面进行评价时就会从侧面反映其他三个方面的情况。

（一）学习者评价

学习者是高校英语教学的主体和中心，对学习者进行评价是高校英语评价的重要内容。“互联网 +”背景下高校英语学习者评价的内容主要可以划分为以下两个方面的内容：①对学习过程的评价，包括对学习策略、学习态度、学习动机、学习风格以及学习效果等的评价；②对学习结果的评价。“互联网 +”背景下高校英语学习者评价，根据教学背景，还需要对学习者的计算机操作能力、网络信息获取能力与分析能力展开必要的分析。

（二）教师评价

由于互联网环境纷繁复杂，因此，教师在“互联网 +”背景下高校英语教学中的作用愈加凸显。对教师进行评价，也成了“互联网 +”背景下高校英语教学的重要内容。新的互联网环境给教师带来诸多新的挑战，教学中教师的角色也发生了相应的改变。教师不仅是知识的传授者，更是教学的组织者、学生的引导者与合作者。在互联网环境下，教师不仅要掌握一般的教学技能，更要具备熟练驾驭网络教学的能力。所以，对教师的评价不仅包含传统的评价内容，还包括计算机操作能力、对网络教学的组织能力、对网络教学方法的运用等。

（三）课程评价

课程的质量是影响和制约高校英语教学发展的关键因素，所以课程评价也是“互联网 +”背景下高校英语教学评价的重要内容。具体而言，“互联网 +”背景下的高校英语教学课程评价主要包含以下两个方面的内容。

（1）对"互联网＋"背景下高校英语教学系统的评价。"互联网＋"背景下高校英语教学系统评价具体包括对教学系统的评价、对教学管理系统的评价、对资源库系统的评价、对支持与维护系统的评价。关于对"互联网＋"背景下高校英语教学系统的评价可从三个方面进行：课程的界面、课程的兼容性和课程的产品质量。课程的界面评价主要是对互联网课程的导航设置、导航功能以及操作性进行评价。课程的兼容性评价主要是对互联网课程运行所需的环境与条件进行评价。课程的产品质量评价主要是对图形、文本、格式等进行评价。

（2）对"互联网＋"背景下高校英语教学设计的评价。具体而言，对"互联网＋"背景下高校英语教学设计的评价主要包括教学目标、课程说明、教学目标与教学内容的一致性、教学反馈的设计等。

（四）教学过程评价

教学过程直接影响教师授课效果和学生对知识的吸收效果，因此教学过程评价也是"互联网＋"背景下高校英语教学评价的重要内容。具体来说，对教学过程的评价主要是指对教学中所使用的教学方法以及开展的相关教学活动的评价。

为了保障教学评价更加科学与有效，除需要对上述教学评价的内容进行研究外，还要重视对"互联网＋"背景下高校英语教学评价标准、评价方法以及元评价的研究。

（1）任何评价都需要一个科学的尺度作为判断的标准。"互联网＋"背景下高校英语教学评价标准设置得是否科学，对评价的结果有着直接的影响作用。

（2）"互联网＋"背景下高校英语教学评价与传统的高校英语教学评价有所区别，这种区别在评价方法上有着显著的体现？那么，"互联网＋"背景下高校英语教学评价有哪些方法呢？这也是"互联网＋"背景下高校英语教学评价值得研究的方面。

（3）简单来讲，元评价就是对评价本身的再评价。其评价结果可靠与否，直接受评价方法的恰当性和科学性的影响。元评价可对以上四种评价本身进行判断，对保障评价结果的真实性具有重要意义。

五、"互联网＋"背景下高校英语教学评价实施的条件

要进行"互联网＋"背景下高校英语教学评价，得出该评价要比与非网络环境评价更具有优势的结论，就必须在不同学校、不同专业、不同班级进行分析和综合。由于学校不同，其开展"互联网＋"背景下高校英语教学的情况是存在差别的，无论是硬件还是软件都会存在某些不同，因此参与评价的学校需要满足以下几个基本前提条件。

（一）系统应满足的基本要求

"互联网＋"背景下高校英语教学系统应该具备以下五个基本功能。

（1）制作、收集、管理、存储各类多媒体素材和教材，这些信息可以随时提供给

系统和多个终端。

（2）通过系统中的任意一个多媒体终端机，为教师备课和优化教学设计创造良好的教学环境。

（3）设置互联网环境终端机和显示设备，为开展互联网环境课堂教学提供有利条件。

（4）学生利用交互式的互联网环境教学终端机，不仅可以进行补课、查询、复习，还可以利用各个学科软件配合相应的设备开展小组教学，进行仿真练习。

（5）该系统可以为教师教学提供各种类型的资料，为教学管理提供有力的支持。

（二）教师应满足的基本要求

作为教育者，教师是教学的组织者，在教学中起着重要的指导作用。在互联网环境下，知识的传递者和信息源都来自网络环境，而教师将主要的精力放在学生身上。教师需要运用计算机进行正确指导，让学生学会使用网络环境设备，以获取其需要的信息。

（三）学生应满足的基本要求

在教学过程中，学生的身份首先是教学的对象，教学的效果和质量都可以从学生身上看出来。在教学活动中，学生是教学活动的出发点和落脚点。在网络环境下，学生在教师的指导下按照自己的学习进度来控制自己的学习进程。因此，教师应该让学生掌握计算机的操作和使用，并抓好计算机的阅读和写作方法，自觉按照自己的进度来解决学习中出现的问题。

（四）教材应满足的基本要求

在"互联网 +"背景下高校英语教学中，其不仅包含书本、音像教材，还包含多媒体教材。对于多媒体教材来说，其需要满足以下五个要求。

（1）需要满足科学性的要求，即内容要正确、要符合逻辑、要层次清晰、要符合场景等。

（2）要满足教学性的要求，即选题要恰当、重难点要突出、要能够促进启发和思维能力的发展等。

（3）需要满足技术性的要求，即声音、图像等设计要合理，画面要清晰，声音要清楚，声像要同步。

（4）要满足使用性的要求，即界面要友好、容错能力要强。

（5）要满足艺术性的要求，即要创意新颖、要节奏合理、媒体要选用恰当、要具有表现力和感染力。

（五）教学媒体应满足的基本要求

在选择和使用教学媒体时，需要满足以下四个要求。

（1）要坚持抽象层次原则，即教学媒体所提供的抽象和具体程度都分为不同层次、不同等级。

（2）要坚持最小代价原则，一是在内容上要满足教与学的需要；二是所花费的人力、物力、财力等要最少。

（3）要坚持多重刺激原则，即从不同侧面、不同角度，使用不同方式将同一内容表达出来。

（4）要坚持共同经验原则，即设计和选择的教学媒体应该与学生固有的经验有着某些共同的地方。

（六）教学方法应满足的基本要求

由于"互联网+"背景下高校英语教学的主要应用模式有小组教学、课堂教学、个体化教学等，因此教学方法设计时应该根据学生的具体特点而定，只有这样才能激发学生的兴趣，促进学生进行记忆与理解。

第二节 "互联网+"背景下高校英语教学评价的意义与原则

一、"互联网+"背景下高校英语教学评价的意义

互联网教学是互联网技术与现代教育紧密结合的产物。为了能够使互联网技术更好地融入高校英语教学中，在进行计算机设置时，需要考虑以下四个问题：①解决互联网教学的信息资源问题；②解决互联网教学的课程改革问题；③解决互联网教学中师资力量的培训问题；④及时对互联网教学进行评价。

因此，"互联网+"背景下的高校英语教学评价意义非凡，是当前互联网教学的重要组成部分。

（1）"互联网+"背景下的高校英语教学评价能够对学生的学习情况进行监控，保证学生学习的质量，促进学生学习的进步与发展。根据学生在学习中的表现，对其学习态度、学习过程等展开评价，有助于为学生的学习计划与学习调节等提供支持。根据评价的结果，教师能够对学生的英语学习加以指导，对学生学习中存在的问题提出意见，并让学生进行弥补，从而将学生的潜能发挥出来。

（2）"互联网+"背景下的高校英语教学评价还有助于教师的进步与发展。这是因为教师评价目的主要是对教师工作现实和潜在价值做出判断。

二、"互联网 +" 背景下高校英语教学评价实施的原则

原则是规律的反映，教学评价原则反映的是"互联网 +"背景下高校英语教学评价的规律。要想对"互联网 +"背景下高校英语教学评价有一个真正的把握，还需要掌握一定的教学评价原则。根据这些评价原则来制定评价手段和方法，才能与教学评价规律相符合，才能与教学规律相符合。

（一）客观性原则

"互联网 +"背景下的高校英语教学评价需要坚持客观性原则。教学评价的客观性原则是指评价中不能主观臆断，而应该实事求是，不能掺杂个人情感。在"互联网 +"背景下的高校英语教学工作中，教学评价具有很强的科学性。一般来说，评价是否具有客观性往往对教学效果产生直接的影响。如果评价是客观的，那么就有助于促进教学目标的实现；如果评价是不客观的，那么教学就会远离预定的目标。因此，教学评价中必须坚持客观性原则，即要求教学评价要根据一定的教学目标来确定评价的标准，并结合多重因素，考虑该标准是否能够得到人们的认可。评价的标准确定之后，任何人不得更改，这就能较好地体现客观性原则。

（二）差异性原则

差异性原则是"互联网 +"背景下的高校英语教学评价实施的首要原则。由于受生活环境、家庭背景的影响，每位学生都会有自身的个体特征，即每位学生都存在自身的差异。另外，在教学过程中，教师对不同的学生也会有不同的指导，这也导致学生的发展存在很大差异。因此，针对这一情况，在进行教学评价时，需要遵循差异性原则。在"互联网 +"背景下的高校英语教学评价中，教师首先对不同学生存在的不同差异性有一个基本的认可，并根据不同的学生的水平和要求来制定不同的学习要求，在这一基础上建立一种和谐、平等、尊重、理解的师生关系，也有利于构建良好的课堂教学氛围。在这样的教学氛围中，学生才能积极地发表自己的观点和见解，在教师的鼓励下充分发挥自己的个性。对中等以上水平的学生而言，教师需要给予适当的指导即可，从而更好地促进学生的长远发展；对于中等水平及以下的学生来说，教师需要不断地鼓励他们，灵活地运用各种教学手段调动学生的主动性与积极性，提高学生的学习能力。

（三）导向性原则

教学评价是根据一定的教学目标制定的，其通过对比现状与目标间的距离，能够促进被评对象不断接近既定的目标。因此，教学评价具有导向的功能。"互联网 +"背景下的高校英语教学评价并不是单一的评价问题，其评价目标也不仅是评优与鉴定，而是在此基础上引导教师更新观念，将新的观念在具体的教学过程中展现出来，也激

励教师在内心深处产生一种研究欲望。在对教学活动的评价上，教师需要充分调动教师和学生双方的积极性和主动性，力求为教学双方在教学活动中展现自身的潜质，构建恰当的评价方法与体系。但是，在构建评价体系标准的过程中，发挥评价的导向原则是必然的，并将这一原则贯穿始终。

（四）开放性原则

在"互联网+"背景下的高校英语教学中，开放性是最重要的特征。在"互联网+"背景下的高校英语课堂，学生的心态、思维等处于开放状态，教师也需要将学生的思考、体验、领悟、探索等能力激发出来，因此对其进行评价也必然是开放的。开放性教学评价虽然遵循了教学评价的基本标准，但是并不是统一不变的。例如，开放式的课堂导入强调开放的发散性、合理性与深刻性。在这样的教学中，教师要注重学生的个性化，鼓励学生展开发散性思维，主动展开探究性学习和合作学习；对于教学中的提问，学生也愿意主动回答，内容也强调延伸性和推进性；在作业的布置上，教师要保证内容的拓展性和实践性。从这些层面来看，英语教学都坚持了开放性的原则，符合开放性的标准，有助于教师和学生形成符合自己的教学和学习风格。

（五）发展性原则

发展性教学评价原则是根据发展性理念，提出一定的发展性目标和发展性的评价方法和技术，对教学过程中的教与学的状态进行价值评判。与传统教学评价不同，发展性教学评价不仅注重教师的主导地位，还注重学生的主体地位。对学生进行学习评价是发展性教学评价的核心。在"互联网+"背景下的高校英语教学中，教师应该构建创造性、教育性、操作性、实践性的以学生为主体的教学形式，让学生主动参与思考，且主动实践，以实现综合能力的发展。过程与方式、知识与技能、情感与价值观是发展性教学评价原则的重要内容。

（六）针对性原则

教学评价具有明确的针对性，其往往是针对教学中的具体问题进行的，这在"互联网+"背景下的高校英语教学评价中也是非常明显的。对教师和学生而言，如果教学进行得非常顺利，师生之间也配合得更为默契，那么就需要进行教学评价，以帮助教师和学生总结经验，便于推广；如果教学进行得不顺利，出现了较多的问题，那么也需要进行教学评价，从而帮助教师和学生解决教与学的问题，便于之后解决这些问题。

此外，如果教师改变了教学方法与手段，也需要进行教学评价，以确定该教学方法是否发挥了效果；如果学生积极性不高，也需要进行评价，以增加学生学习的自信心，活跃课堂气氛，扭转教学局面。

总之，"互联网 +"背景下的高校英语教学评价具有极强的针对性，但是它针对的不是积累层面，而是过程层面；不是结论层面，而是诊断层面；不是总体层面，而是具体层面。

第三节　"互联网 +"背景下高校英语教学评价的创新方法

一、网络评价系统设置

在网络影响下，英语教学评价体系得到了进一步完善与发展。目前，基于互联网技术构建的英语评价系统有以下四个方面。

（一）网络实时评价系统

网络实时评价系统以网络通信手段为依托，通过文字、图像、音频、视频等方式进行相互交流，在沟通过程中实现具体的评价。利用这一评价系统，学生可以不再受时间、空间方面的限制，及时获取教师的有效反馈。这一系统可以帮助教师有效监督、管理学生的学习，这可以大大提高学习效率。

（二）网络考试系统

网络考试系统通常涉及针对学生的考试系统、题库系统、自动批阅系统等。学生可以随时随地登录这一系统，从题库中抽取试题进行回答，在完成之后就会给出结果，系统会对学生的题目回答情况进行评判。教师可以利用这种系统进行阶段性测试或者综合性测试，学生也可以自由控制题型、时间、难度等。网络考试系统通常可以自动生成答案，并且给出评估报告，对学生的学习风格、学习效果、学习倾向等进行汇报。

（三）网络答疑系统

网络答疑系统一般包括在线讨论、互动交流两种形式。目前，很多英语教学网站中都设置了在线互动讨论区，学生在这个讨论区中可以自由发帖发表自己的学习看法与成果，并通过回帖与其他学生进行沟通与互动。网络答疑系统可以对学生提出的知识难点进行记录，教师可以通过系统记录的难点分析学生的学习情况，进而发现自己在教学中存在的问题，及时调整与改变教学策略。通过网络答疑系统的搜索引擎功能，学生可以通过关键字搜索等技术快速得到问题的答案。

（四）网络多媒体考试系统

网络多媒体考试系统是针对网络在线考试系统的进一步改进之后所形成的。在传统文本考试试卷的基础上，网络多媒体考试系统增加了一些多媒体数据，如音频、视频、图像、漫画等，利用虚拟现实技术组建虚拟的考试环境，非常适合运用到英语网络教学评价中。网络多媒体考试系统使得全面、多元的评价成为可能。

二、互联网技术评价法

互联网技术评价法的评价过程可以划分为制定评价标准、运用评价标准进行测量、划分测量结果等级、给出评价结论四个步骤。

（一）制定评价标准

制定评价标准的过程就是把评价目标的主要属性细化为一系列具体、可测量的指标的过程。划分好的指标构成一个相对完整的评价指标体系，它能反映评价目标的主要特性。在构建评价指标体系时，应该注意列举能够反映目标的那些主要特性，对于重叠、交叉的指标需要进行一定的合并。下面来看一则多媒体作品质量评价案例。

因为多媒体作品的质量难以直接观察到，因此先要列举能够反映多媒体作品质量的主要指标，如内容、界面、技术等。可以看出，这些指标仍然不够具体、难以测量，因此需要把这些指标进一步划分。例如，反映多媒体作品质量的内容特性，可以从主题是否明确、内容是否科学、文字是否通顺、有无错别字来判断。通过这样的方式直到划分出的每个指标都能够代表评价目标的主要特性，并且每个评价指标都是明确、可测量的。经过划分可以得到多媒体作品质量评价的一个指标体系，如图 5-1 所示。

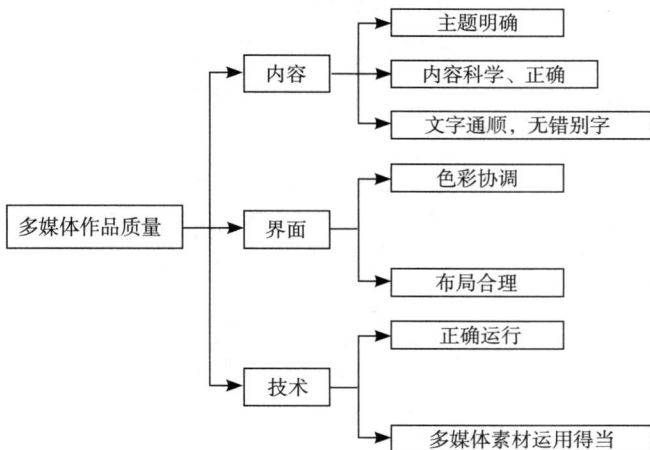

图 5-1　多媒体作品质量评价的一个指标体系

每个指标对反映评价目标来说，它们的重要性程度是不一样的，重要性程度用权重来表示。可以给每个指标赋予一定的分值，这个分值反映了这个指标在整个指标体系中的权重。确定指标权重有专门的方法，如专家评定法、层次分析法等。在教学过程中，教师也可以依据自己的经验来划分，但是这样划分的结果其可信度往往会受到怀疑。教师可以给多媒体作品质量指标体系赋予分值，如图 5-2 所示。

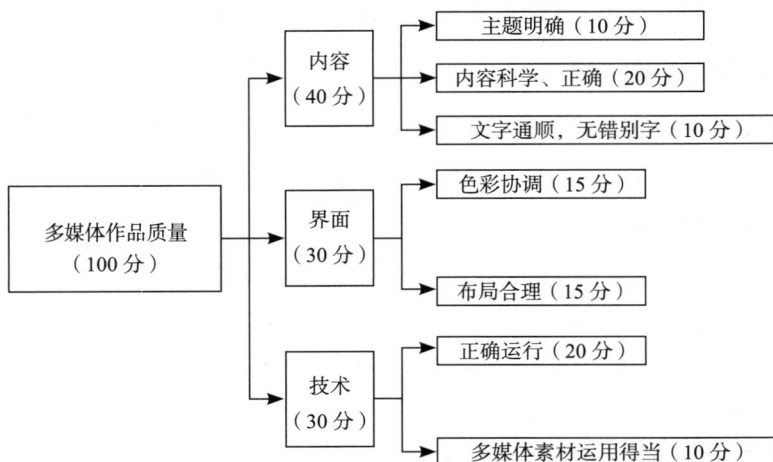

图 5-2　多媒体作品质量评价指标体系及指标权重

（二）运用评价标准进行测量

测量是依据评价指标体系，用数值来描述评价对象的属性的过程。测量是一个事实判断的过程，即测量是反映评价对象的客观状态，不对这种状况进行主观评判。凡是测量都需要有测量的标准或法则，这是测量的工具。教学中的测量工具不像测量身高用的皮尺、测量体重用的秤一样直观，需要评价者按照评价标准中的每个指标对评价对象做出实事求是的判断。依据图 5-2，可以制作出测量多媒体作品质量评价表，如表 5-1 所示。

表 5-1　多媒体作品质量测量表

评价目标	一级指标	二级指标	得分
多媒体作品质量	内容（40分）	主题明确（10分）	
		内容科学、正确（20分）	
		文字通顺，无错别字（10分）	
	界面（30分）	色彩协调（15分）	
		布局合理（15分）	
	技术（30分）	正确运行（20分）	
		多媒体素材运用得当（10分）	
总分			

（三）划分测量结果等级

教师需要对评价对象实施测量以后的测量结果进行界定，界定这个结果达到了什么程度。对测量结果的界定通常采用划分等级的方法。例如，在以百分制计分的测量里，一般把 90 分以上称为优秀，80 ~ 90 分称为良好，70 ~ 80 分称为中等，60 ~ 70 分称为合格，60 分以下称为不合格。在划分测量等级时，采用了定量评价与定性评价相结合的方式，这样能充分发挥定量评价和定性评价的优势。

（四）给出评价结论

评价的最后一步是根据测量结果对评价对象进行价值判断，给出评价结论。评价结论包含了被评价内容能否通过评价的判定，有时候也会对评价对象达到什么水平进行界定，并且对评价对象的优势与不足做出判断。根据以上过程来看信息技术教学评价，可以发现教学中通常采用的纸笔考试并不是评价的全部。考试是评价中的测量环节，考试成绩（即测量的结果）并不是评价要得到的唯一和最终结果，如何使用学生的考试成绩分数是每位教师都应该关注的问题。

三、网络测试法

在互联网教育背景下中，测试是最基本的方式。一般来说，测试分为网络随堂测试、网络期中测试和网络期末测试三种。

网络随堂测试是指在一节课中对当次课堂教学的知识和技能进行评价的方式。这种评价应该围绕教学目标，对当次课的教学重点和难点进行测试，以检测学生的学习效果。在开始，上课时教师还可以组织诊断性评价，对以往学习的知识和技能进行测验，了解学生对原有知识和技能的掌握情况，为本次课的教学提供支持。课堂测试属于形成性评价，为改进教学提供了依据。

网络期中测试通常是在一个学习单元或模块学习结束以后，对整个模块涉及主要教学目标进行测试。单元测验主要检查学生对整个单元、模块知识和技能的掌握情况。网络期中测试涉及的教学目标比课堂测试多，在进行测试时应该设置对单元、模块知识和技能综合运用的项目，涉及的教学目标类型往往为掌握、分析、综合、评价层次，以检测学生的总体把握情况和对单元知识灵活应用的能力。网络期中测试属于形成性评价，是为改进整个单元模块的教学服务的。

网络期末测试是对课程的总结性评价，是检查学生学习成绩和教师教学效果的重要方式。网络期末测试应该从课程整体目标中的重点、关键点、难点出发，检查学生对基本概念、基本技能、核心知识、主要方法等的掌握情况。网络期末测试可以采用上机测验、作品制作等相结合的方式进行。在评价时可以兼顾学习过程中学生的表现，最后对学生做出总体评价。

四、学习档案评价法

学习档案评价法是当前应用较为广泛的评价方法。所谓学习档案评价法，是指对学生个体的各种信息进行收集。一般来说，其收集的内容具有多样性与动态性。

学习档案积累的材料代表的不仅是结果，而且是学习过程与学习活动，其包含选择学习内容、比较学习过程、进行目标设置等。学习档案评价可以有效提高学生的自主学习能力，在档案建立之前，教师可以组织家长与学生阅读学习大纲，理解档案构建的必要性，并对如何构建、使用进行指导，为以后有效地使用档案袋做准备。一般来说，构建的流程如图 5-3 所示。

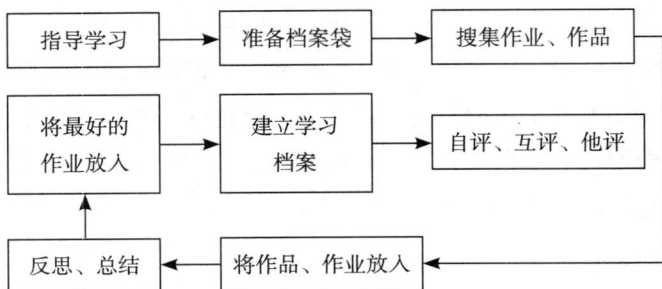

图 5-3　学习档案构建流程

五、自我评价表

自我评价表（self-evaluation questionnaire）的设计可以采用量规（rubric）方式，也可以采用问卷调查表的形式。

（一）量规

量规是一种结构化的定量评价标准，往往是从与评价目标相关的多个方面详细规定评级指标，具有操作性好、准确性高的特点。在评价学生的学习时，运用量规可以有效降低评价的主观随意性，可以教师评，也可以让学生自评或同伴互评。如果事先公布量规，还可以对学生学习起到导向作用。

（二）问卷调查

问卷调查是通过提问题，让学生通过自己的实际情况进行判断，并做出回答。问卷调查表可以帮助学生通过回答预先设计好的问题来产生某种感悟，从而促使他们对自己的学习过程和学习结果进行重新审视和修改，提高他们的自主学习能力。

六、作品集学习评价法

任何评价都需要遵循真实性与可靠性的原则。

真实性主要是要求评价内容与评价形式应体现和反映教学目的，如果评价的真实性高，那么其不仅包含了所有该评价的内容，而且其采用的形式和方法也能够对这些评价的内容做到真正的评价，并且将被评价者所掌握的知识与技能也真正地反映出来。因此，真实性是评价需要达到的基本要求。

可靠性是针对评价结果的一致性和连续性来说的，要求某一评价工具在不同地点、不同时间使用时应达到一致的结果，并能够通过具体的数据体现出来。

真实性与可靠性的原则为基于网络多媒体的高校英语评价手段的设计与运用提供了重要依据。其中，作品集文化学习评价法就是真实性与可靠性的最好体现，是一种综合性的评价方法。

在美国等西方国家，作品集评价法已经有很长的历史了。1972 年，美国最早使用这一方法是为录取美术专业学生而设计和实施的。之后，这一方法已经得到了很多高等院校的认可。目前，作品集评价法已经拓展到多个领域，如阅读、写作、教师培训等。对于中国的教育领域来说，教育者及研究者也认识到这种评价方法的优势。例如，在录取大学生时，除要考虑其高考成绩外，还要考虑学生曾经取得的荣誉以及自身的特长。虽然就目前来说，考试成绩仍旧是起决定和主要作用，作品集评价法往往只是作为一种参考，但是这一方法已经成为一种新趋势、新动向，相信在不久的将来这一方法一定会在中国兴起。

作品集评价法实际属于一种形成性评价，即教师与学生以学生在一段时间内按照教师和自己的要求，完成的一系列有序、系统的工作，学习日记，研究报告，测试等为基础，对学生这一段时间所付出的努力、学习的态度、学习的方法、收获的成果进行评价。从评价的依据、目的来说，这一评价方法是一个可靠的、真实的、全面的方法。

作品集评价法有以下七个特点：①以目标为基础；②学生学习愿望与学习进展情况的反映；③学生学习项目、代表作品、学习情况、测试记录的汇集；④学生进步的证明；⑤跨越一个教学时段；⑥便于反思与反馈，有利于提升与改善学生的学习水平；⑦用途广泛，且灵活多变。

作品集评价法的这些优点对于教师和学生而言有着重大意义。

使用作品集评价法，学生的学习态度、学习过程、进步程度、学习深度与广度都能够体现出来，这在标准化笔试中是很难体现出来的。并且，通过对参与评价内容、评价目标的确定，学生对自己的学习任务有一个清晰的把握，就更能督促自己全心全意地完成学习任务，为自己的学习目标努力。可见，作品集评价法有助于调动学生的积极性和主动性，督促自己对自己的学习负责，更好地实现自主学习。

另外，作品集评价法有利于教师对教学任务有一个更好的设计和控制，从而创造出更好的学习气氛。这是因为，教师扫除了自身标准化评价的压力，将更多的注意力集中于教学活动的设计和教学气氛的营造上，有助于构建生动形象的、学生喜欢的课堂环境。

对于网络多媒体环境下的高校英语教学而言，作品集评价法可谓是雪中送炭，因为它帮助目前的高校英语教学评价走出了困境，与其称其为一种方法，不如称为一种新思路、新观念。那么，在基于网络多媒体的高校英语教学中，如何实施作品集文化学习评价法呢？笔者认为可以从学期开始、学期中间、学期结束三个角度来考虑。

学期开始：确定作品集的内容，确定作品的形式，确定评价的标准，确定时间计划。学期中间：学生按照计划完成学习任务，教师对学生予以指导，教师与学生进行面谈。学期结束：根据评价表，学生进行自评；交换作品集，学生间互评；教师对作品集终评。

（一）确定作品集的内容

作品集的内容就是基于网络多媒体的高校英语教学的内容，自然是英语教学目的的反映。在网络多媒体环境下的高校英语教学中，教学目的包含语言知识、语言技能、文化知识等层面，因此评价所用的作品集应该能够反映学生为了实现这些目的而付出的努力、增长的知识、增长的能力、完成的任务情况等内容。因此，作品集的内容主要取决于教学目的、教师、学生等因素。

（二）确定作品的形式

证明学生学习过程、学习效果的形式有很多，除传统的标准化测试之外，调研报告、学习日记、学习档案袋、学习成果展示、团队合作项目等也是比较好的形式。这些形式可以是口头的，也可以是书面的；可以是实物的，也可以是声像的；可以是历时的，也可以是现时的；可以是探索性的、实验性的，也可以是描述性的等。评价内容不同，其采用的评价形式也不一样。例如，要想评价学生的跨文化交际能力，观察描写法、角色扮演法就是最好的方法。另外，作品的形式还取决于教师与学生对不同评价形式的熟悉程度。当然，教师应该对学生进行指导和培训，尽可能地使用更多不同的形式。

（三）确定评价的标准

传统的标准化测试的最大优点在于：有明确的标准，易于评价，而其他非定量的测试往往具有较强的主观性，很难保证可靠性。虽然有这些问题，但近年来随着口语测试、写作测试研究的深入，针对非标准化测试、非客观测试的可靠性已经开发出了一些好的评价标准。这些评价标准往往是针对知识、态度、能力等评价项目来说的，根据不同学生不同等级的表现进行描述，可能是优秀，可能是很好，可能是一般，也可能是差。

（四）确定时间计划

与传统高校英语评价方式不同，作品集学习评价法是从学期开始延续到学期结束，其主要包括很多内容与形式，因此在学期开始之前，教师应该让学生确定整个计划。学生在与教师确定各个项目的标准、形式、时间的过程中，学会自然而然地成为学习评价的参与者，他们不仅清楚自己的学习任务，而且由于自己之前已经参与到制定标准与计划中，因此在执行的时候也比较轻松和主动，积极性较高。

（五）学生按照计划完成学习任务

评价活动不仅是在课内进行，也有很多是在课外进行的。诸如介绍、演讲等往往是在课堂上进行，而课外阅读、课外听力、学习日记和写作练习等往往是在课外进行的。但是，无论是在课内进行的评价，还是在课外进行的评价，学生都需要按照一定的时间计划来逐一进行。

（六）教师对学生予以指导

虽然评价内容、评价形式、评价标准、时间计划等都已经得到了确定，但是教师不能完全撒手不管，任由学生独立完成。由于每个评价项目都包含英语知识与技能的评价要点，因此，教师需要教授和引导学生弄清楚每项学习任务的目的与意义，并且对评价标准予以重申。只有在这样的指导下，学生才能把握住基于网络多媒体的高校英语学习的要点，掌握英语学习的技巧和方法，按时完成学习任务，更好地实现英语教学的目标。

（七）教师与学生进行面谈

当学生在进行任务时，教师还可以和学生进行面谈，了解学生任务的进展情况，并回答学生在执行任务时所遇到的问题。这样才与因材施教原则相符合。当学生与教师进行单独交谈时，往往可以畅所欲言，向教师真心地表达自己的学习困难和学习体会。同时，通过这样的交流，教师也可以了解学生的学习境况，指出学生学习中的缺点和不足，并帮助学生解决学习任务中的问题。

另外，这样的交流也可以拉近教师与学生间的关系，使学生不再惧怕教师，而是愿意与教师亲近。在基于网络多媒体的高校英语教学中使用作品集学习评价法，学生的最终成绩是根据整个学期学生完成的各项学习任务来评定的，如果在这之中教师能够与学生多进行几次面谈，并给予学生足够的鼓励和建议，那么总会比任何不做要好，而且这样体现了这是教师与学生共同的成果。

（八）根据评价表，学生进行自评

当学期结束后，所有学习任务的作品集已经完成，这时候教师需要将评价表发给学生，让学生根据自己的学习情况、任务完成情况及任务过程中的表现进行评价。通过学生的自评，不仅有利于让学生回顾自己的学习过程和所取得的成绩，并进行反思，还有利于学生发现自身的不足，明确自身以后努力的方向。

（九）交换作品集，学生间互评

网络多媒体环境下的高校英语教学更加推崇学生与学生间的相互学习。通过阅读和学习其他同学的作品集，学生不仅可以了解他人的学习情况以及取得的成就，也可以反思自己的不足，从而做到取长补短。另外，在对他人的作品集进行评价时，学生必然会对评价标准进行斟酌，力求给出一个公正、客观的成绩，这也就构成了学生再学习的机会。

（十）教师对作品集进行终评

事实上，在整个学期，教师都在对学生的英语学习进行评价，因为每次作品、学习活动，教师都需要进行批阅和评价。而学期结束之后的评价，是教师对学生之前的情况的综合评价，是在参考学生自评、同学评价的基础上进行的最终评价。

综上所述，作品集学习评价法是一个人性化、用途广泛的评价方法，符合以学生为中心的理念，适用于学生英语学习的各个阶段。

第六章　"互联网+"背景下高校英语教师专业素质与效能提升

在"互联网+"背景下，高校英语教师自身的发展问题是信息时代的必然要求和内在呼唤。高校英语教师应通过何种途径有效地促进自身的专业发展，已成为教育界重点关注的问题。本章主要围绕"互联网+"背景下高校英语教师专业发展问题展开讨论，全面分析高校英语教师的角色与素质，进而探究提升高校英语教师专业发展路径。

第一节　高校英语教师专业发展相关内涵解析

一、教师专业发展的概念

（一）教师专业化和教师专业发展

要正确理解教师专业化的深层内涵，首先要区分"职业"和"专业"这两个相关概念。

1."职业"和"专业"的区别

所谓职业，泛指用以谋生、有金钱酬劳的工作。关于什么是专业，各界学者的观点未达成一致。

教育界学者认为，专业是通过特殊的教育或训练掌握了业经证实的认识，具有一定的基础理论的特殊技能，从而按照来自特定的大多数公民自发表达出的具体要求，从事具体的服务、工作，借以为全社会利益效力的职业。

社会学家卡尔·桑德斯（K.Saunders）指出，专业是指一群人从事一种需要专门技术以及特殊智力的职业，目的在于提供专门性的社会服务。

近代西方哲学家怀特海（A.N.White head）认为，专业是一种有可验证的理论基础、科学研究的行业，并且能从理论分析与科学验证中积累知识来促进这个行业的活动。

总体而言，专业是具备高度的专门职能及相关特性的，其主要特点为：专业本身具有发展性，严格的专业选拔与有效的专业训练，专业人员具有系统而全面的专业理论和实践知识基础，专业人员具有较高水平的专业判断和决策能力。

2.专业化和教师专业化

所谓专业化，既指某一专业人员达到该专业标准的动态发展过程，也指其成长为专业人员的静态发展结果。

教师专业化也应该从动态和静态两个方面来理解。从动态的角度来说，教师专业化主要是指教师在严格的专业训练和自身学习的基础上，逐渐成长为一名专业人员的发展过程。这一发展过程的实现需要教师自身的努力以及良好外部环境的创设，这两方面因素相互促进、缺一不可。从静态的角度来讲，教师专业化是指教师职业真正成为一个专业，教师成为专业人员并得到社会承认这一发展结果。"专业化"将成为未来教师发展的努力方向。

从广义来讲，教师专业化的标准主要包括教师自身素质与客观环境两大方面。其中，教师自身素质的发展是教师专业化标准的核心，它主要包括以下几方面：具有专业责任感和服务精神；受过较长时间的专门训练，具有较强的专业基础；具备教育实践能力，包括教育活动组织能力、教育性反应意识、教育监控能力，对儿童的指导能力、和谐师生关系、支持性同伴关系和家园关系等的创设。

良好客观环境的创设也是教师专业化标准的重要方面，如创建完善的教师职前培训体系，提供多途径、多形式的教师在职进修机会，为教师提供参与研究的机会，鼓励其积极参与科研，建立教师专业团体，制定严格的教师选拔和任用制度，提高教师的经济和社会地位等。

3.教师专业化与教师专业发展的关系

关于"教师专业发展"与"教师专业化"的关系存在着以下三种不同的观点。

第一种观点，将"教师专业发展"等同于"教师专业化"。

第二种观点，认为教师专业化和教师专业化发展不是同一概念。教师专业化是指教师职业专业化的过程，教师专业发展则是指教师个体由不成熟逐渐成长为成熟的专家型教师的过程。

第三种观点，认为"教师专业化"包含"教师专业发展"。该观点将专业化划为两个维度：地位的改善与实践的改进。前者作为满足一个专业性职业的制度；后者作为通过改善实践者的知识和能力来改进所提供服务的质量的过程。

从广义的角度来讲，"教师专业化"与"教师专业发展"均指加强教师专业性的过程。

从狭义的角度来看，"教师专业化"更多是从社会学角度考虑的，主要强调教师群体的、外在的专业性提升;"教师专业发展"更多是从教育学维度界定的,主要指教师个体的、内在的专业化提高。除此之外,这两个概念还有一个区别,即教师专业化体现的是一种教育思想、教育制度、教育改革运动;而教师专业发展包含的是一个教师的成长过程。

教师专业化和教师专业发展相互区别,但也相辅相成。教师专业化制度的建立及教师专业化运动的发展为教师专业发展提供了保证,只有教师职业更加专门化,才能使教师专业发展得到更大的提高。而教师专业水平的提高,也会更有力地支持和推进教师专业化。

(二)教师专业发展的界定

1.教师专业发展的提出

1976年,美国教师教育大学联合会报告预言,教学能够将自我实现为专业。

1986年,美国卡耐基教育促进会和霍姆斯协会先后发表了《国家为21世纪准备教师》和《明天的教师》的报告,明确提出了教学专业发展的概念,主张确立教师的专业地位,以教师的专业化来实现教学的专业化。美国教师专业化发展运动对国际社会特别是西方社会的教育产生了很大的影响。

1996年,第45届国际教育大会通过了9项建议,其中第7项建议将专业化作为改善教师地位和工作条件的策略。

1998年,"面向21世纪师范教育国际研讨会"在北京召开,指出当前师范教育改革的核心是教师专业发展。

20世纪90年代以来,许多国家已将教师专业发展纳入政策的视野中。美国于20世纪70年代中期提出教师专业发展的口号。20世纪90年代以来,英国政府提出了以学校为中心培训初任教师的计划,允许学校为师范生颁发合格教师证书。这种以学校为基地的教师培养模式不仅关注理论与实践的联系,而且关注实践经验多样化的价值。同时激励学校教师在指导实习生的过程中挑战自己的教学假设,改变自身的教学实践,因此也推动了学校教师的反思。

我国于1994年通过实施的《中华人民共和国教师法》第一次在法律上确认了教师的专业地位,即"教师是履行教育教学职责的专业人员"。这体现了从事教师职业人员的生存和发展的需要,也是从社会分工角度来审视教师这一专门职业的专业性要求。1995年,我国建立的教师资格证书制度,以及信息时代的经济与社会发展都为教师专业发展提供了有利的条件。信息时代的教育改革要求教师保持积极的心态,成为教育的研究者、实践者和创新者。

可见,促进教师专业发展已成为21世纪教师教育的一种主流趋势。没有教师的专业发展,没有教师的成长,教育改革和发展就不会取得成效。

2. 教师专业发展的界定

（1）国外学者对教师专业发展的界定。国外学者对教师专业发展的界定如下。

哈格里夫斯（Hargreaves）和富拉恩（Fullan，1992）强调从知识与技能的发展、自我理解、生态改变三个方面来理解教师发展。

哈格里夫斯（Hargreaves，1995）认为，教师专业发展包括知识、技能等技术性维度，以及道德、政治和情感的维度。

戴（Day，1999）的界定比较综合，他指出教师专业发展包含所有自然的学习经验和有意识组织的各种活动，这些经验和活动有益于个体、团体以及课堂教育质量的提高。

伊文思（Evans，2002）认为，教师专业发展的根本是态度上的改善和专业表现的改善，简单地说就是态度和功能的发展，态度的发展包含知识性发展和动机性发展，功能的发展体现为程序性发展和生产性发展。

（2）国内学者对教师专业发展的界定。关于教师专业发展，国内学者有着不同的理解。

呼伦贝尔学院朱玉东教授认为，教师专业发展是伴随教师一生的专业素质成长的过程，是教师专业信念、专业知识、专业能力等不断完善的过程。

华东师范大学唐玉光教授指出，教师作为教育教学专业人员，要经历一个由不成熟到相对成熟的发展历程。成熟是相对的，发展是绝对的。教师专业发展空间是无限的，发展内涵是多层面的，包括知识、技能、能力、态度、情谊。

华中科技大学朱新卓教授认为，教师专业发展是教师基于知识、技能和情谊等专业素质提高的专业发展的过程，是由非专业人员转向专业人员的过程。

还有的学者认为，教师专业发展包含两方面的含义：一是如何增进教师专业化，提高教师职业素养的过程；二是强调教师的自我觉醒意识，认识到教师作为教育教学的专职人员，有特定的行为准则和高度的自主性。教师专业发展贯穿整个职业生涯，但不仅是时间上的延续，更是教师心理素质的形成与发展过程。

综上所述，教师专业发展是以教师个人成长为导向，以专业化或成熟为目标，以教师知识、技能、信念、态度、情意等专业素质提高为内容的教师个体专业内在动态持续的终生发展过程，教师个体在此过程中的主体性得以充分发挥人生价值得以最大限度实现。

二、影响高校英语教师专业发展的因素

随着对教师专业化研究的深入，很多学者认识到影响教师专业发展的因素除个人因素（认知能力、职业道德、人际交往等）外，还包括环境因素，如教育政策、学校管理与学校氛围等。下面就对这些因素展开分析和探讨。

（一）个人因素

1. 认知能力

从认知角度来分析，高校英语教学是一项非常复杂的认知活动，英语教师的认知能力是他们长期开展教学活动所积累的结果。认知能力的发展有助于提升高校英语教师的教学效能。在高校英语教学过程中，如果一名教师的认知能力较强，那么他必然会灵活采用教学策略、运用教学技巧，从而激发学生参与教学活动的积极性。

2. 职业道德

对于高校英语教师而言，职业道德对他们有着至关重要的影响。

（1）职业道德是教师实现角色认同的基础和前提，如果一名教师不具备基本的职业道德，那么他们就没有资格担任教师这一重要角色。

（2）具备高尚职业道德的高校英语教师会在自己的工作中任劳任怨、勤勤恳恳，直至在教学中取得优秀的成果，引领学生步上一个新台阶。

（3）高校英语教师的专业化是在不断处理个人与他人、个人与集体的利益关系时不断发展的，而在这之中需要道德的参与，也就是说职业道德是高校英语教师进行职业交往、解决冲突的一项重要准则。

3. 人际交往

如前所述，高校英语教师的专业发展是在他人的交往中逐渐发展的。也就是说，具备良好的人际交往，高校英语教师才能保持一个愉悦的心态与健康的心理，避免自身产生职业倦怠。英语教师要处理好与学生的关系，与学生建立良好的人际关系，有助于教师实现自身的意志、理想与情感的统一。这是高校英语教师专业发展的一项重要内容。另外，高校英语教师还要处理好与同事之间的关系。高校英语教师之间通过合作，可以不断提高自身的专业化水平，这是高校英语教师专业发展的必然要求。

4. 自我评价

在高校英语教师专业发展过程中，自我评价也是必不可少的一项内容。

（1）自我评价有助于英语教师的角色内化，让高校英语教师对自己有清晰的了解，从而建构自己的教学内容，不断提升自我。简单来说，如果一名高校英语教师自我认识较高，那么他们会显得更为自信和成熟。

（2）自我评价有助于调动高校英语教师的内在动机，通过自我评价，高校英语教师的积极性、自觉性不断提升，增强自己的创新意识。

（3）高校英语教师的自我评价有助于提升自身的意识，高校英语教师通过自我评价有助于更深层次地认识自我，使自己不断思考、不断反省。

（4）自我评价可以促进高校英语教师把握人生价值选择，进行自我塑造。

5. 职业发展动机

高校英语教师的职业发展动机包含内部动机与外部动机。前者是指人们对某些活动感兴趣，并从活动中不断获得满足，活动本身成为人们从事该项活动的助力。内部动机反映高校英语教师对教学工作的价值取向与主观需要，对高校英语教师的教学行为起着重要的刺激作用。后者是指由于压力诱发的助推力，其在高校英语教师的教学工作中也起到重要的引导与激励作用。

（二）环境因素

1. 教育政策

所谓教育政策，即国家和政府制定的对教育领域的社会问题、利益关系进行调整的公共政策。一个国家的教育政策对教师专业发展有着宏观层面的影响，其为教师提供物质基础与保证，赋予教师基本的权利与义务，体现国家对教师的要求。首先，教育政策为高校英语教师的基本生活与工作提供物质保障，对教师的生存与发展产生直接影响。其次，教育政策为教育事业的发展提供了重要规范与标准，对教师的专业发展提供了重要指导。最后，教育政策通过教师考核制度、奖惩制度等对教师的专业发展起着重要的激励作用。

2. 学校管理

学校管理是管理者在国家政策指导下，对学校内部情况进行的管理，是对学校系统资源、人力资源、物力资源等进行组织与规划、协调与控制、决策与指导的过程。学校管理者管理方式的不同，会对教师的专业发展起着不同的作用，因此学校管理者应该首先了解每位高校英语教师自身的需要，针对不同的需要以及高校英语教师不同的发展阶段，采取恰当的管理措施，调动英语教师的积极性。

3. 学校氛围

学校氛围是每所学校内部形成的，对其成员的价值观念、道德规范等起着重要的作用，是一所学校的精神风貌。其对于高校英语教师的专业化发展也起着潜移默化的作用，是教师专业成长的外部精神力量。良好的学校氛围为教师提供富有挑战性的工作机会，能够激励高校英语教师不断发展、持续成长。充分发挥高校英语教师的主动性和创造性，使高校英语教师为实现自我而努力。

三、高校英语教师专业发展所存在的问题

我国高校英语教师专业发展虽然得到了一定程度的提升，但是面临英语教学改革的推进，他们的素质与能力已经很难适应当前经济发展对高素质英语人才的需求。因此，目前高校英语教师专业发展面临着严峻的挑战。

（一）身份不明确

对高校英语教师进行职业与身份的确定，是提升教师教学水平、教学力量的一项重要前提。尤其是随着全球化、国际化进程的加快，高校英语教师的身份变得更加模糊，一些专职的英语教师正处于"无家可归"的情况，这种"身份不明确"与"夹缝生存"的境地也成为高校英语教师的一块心病。除了大学，其他正在从事英语教学的教师同样处于这样的境地，这些教师逐渐缺乏自信，对教学工作的影响也逐渐减弱，在教学中很难发挥真正的作用。在各级教师的心目中或者学生心目中，他们充当管理者的身份大过英语教育者的身份。这就是说，高校英语教师群体虽然庞大，但是这一群体至今没有明确的身份，这就导致高校英语教师的成长空间、实践空间、社会空间、学术空间等受到了极大的阻力。从高校英语教师专业发展的角度来讲，他们身份不明确会影响他们的价值取向、心理归属及专业水平，进而会影响他们的教学质量。

（二）力量分散

如上所述，我国高校英语教师的规模非常庞大，但是整体效果却不尽如人意。这是因为，教师往往各自为战，力量非常分散，他们缺乏系统性的互动与交流沟通。这也是导致高校英语教师专业发展不足的一项重要原因。无论是对不同高校的英语教师而言，还是对同一高校的英语教师而言，基本上都是自己承担自己的责任，这就是所谓的各自为战，他们彼此间缺乏学术、教学等层面的沟通与合作。随着"国培计划"的实施及其辐射带动，大学、独立的教育学院、教师进修学校、各地教研室、中小学一线之间逐渐实现了一定层次的合作与来往，但是就从活动开展的实质层面来说，他们仍旧缺乏深度的交流与合作，大多呈现的是"一锤子买卖"，彼此之间缺乏整体与互助意识。这种状况带来的直接后果就是教师之间仅仅为了生存而恶性竞争，同时英语教师的资源开发、团队组建等不畅，教师教学循环重复，实际教学效果不佳。

（三）以自我为中心

对于高校英语教师而言，他们的职责在于为学生提供英语层面的学习帮助与支持，也就是英语学习的引导者。这就要求高校英语教师应该具备较高的素质与能力，而要想达到这一点，必须先明确自身的情况，能够及时地把握与了解教育脉动，从而知道从什么层面帮助学生。很大程度上来说，英语教师是为学生的英语学习而存在的，对学生的学习、思考、研究等有着重要的意义。不得不说，高校英语教师首先就应该是一名出色的、合格的教育实践者与自我发展者。但现实是很多教师并没有明确自身存在的价值与意义，心中也并未将学生当回事，无论是课堂教学，还是课下做报告，无论是做现场的指导，还是课下实践的参与，都未注重学生的学习情境，也并未对具体问题进行具体分析，习惯以自我为中心，这样强迫学生接受、仅凭己意的做法显然是欠妥的。正是由于教师缺乏关心学生的情怀，一些教师很难受到学生的欢迎与支持，高校里的学生对英语课程的学习兴趣也不高，导致英语教学的效果非常差。

（四）能力不济

教学是一个具有恒常性的庞大工程，具有时代感与现实性，教师的专业发展又是建立在具体的教学实践中的，他们面对的是多种需求，因此高校英语教师是教育系统中的能动元素。但事实上，当学生接触了越来越多的东西，见识也越来越广泛后，他们的自觉意识会逐渐提升，加上互联网对英语教学模式的冲击，导致一线的英语教师面临越来越多的困惑，很多教师无所适从，仅仅简单应付。出现这些情况的原因有很多，如教师缺乏学术支撑、继续学习能力不足、精力不能集中等。教师的专业发展需求是处处存在的，如果教师对发展中的现实问题不能及时做出回应，实践中出现的问题也未能与他人进行交流，就会导致自己逐渐丧失激情。能力对于教师而言是看家本领，如果他们的能力缺乏、掉链子，不仅是对自己造成影响，还会对整个教学质量造成影响。

（五）发展无力

教师专业发展的力量不仅来自个人的坚持，还需要外部条件的支持。就当前来说，高校英语教师群体并未受到社会、政府的应有重视，教师没有明确的学科依托，也未形成学习共同体，仍旧在各自的岗位上独自奋斗。国家对他们既没有政策支持，也没有完善的规范管理，因此高校英语教师的专业发展无力。无论是在高校内，还是在高校外，英语教师的地位趋于边缘化，就连教学研究者也不愿意花费过多的精力，这种氛围不利于教师的专业发展。即便有些英语教师在学生中的反响很好，但是真正将英语教学作为事业，甚至将其融入自己生命之中的很少，很多时候都是不得不做，缺乏内在的动力与激情，一些甚至仅是为了维持现状。这些都是高校英语教师专业发展无力的表现。

（六）缺乏进修机会

很多调查显示，高校英语教师很少有出国或参加国外英语教学研讨会的经历，但是调查表明，教师特别渴望高层次和针对性强的进修。繁重的教学任务使很多教师产生强烈的进修需求。脱产出国进修、国内访学、参加学术会议、减轻工作量在职进修、利用寒暑假进修等是教师们期待的进修机会。由于国内英语专业的博士点较少，而高校英语教师队伍又很庞大，使得英语教师要继续深造攻读博士学位机会较少。教师进修途径是非常有限的，很多高校英语教师能够参加的培训活动往往都是由国内几家大型教材出版社每年组织的寒暑假短期而又缺乏系统性的培训。而真正由各级政府部门或专业机构系统组织安排的旨在实质性提高外语教师专业素质的培训则是为数不多，且由于时间、地点、经费等限制，教师参与度有限，难以满足所有教师的进修需求。另外，目前国内的高校英语教师专业技能培训还停留在提高语言能力和教学技能、技巧的层面上，离全面提高教师专业素质的目标和要求还有一定的距离。

（七）教学理念与课堂行为不完全一致

著名学者周燕和楼荷英等人认为，教师的教学理念与他们所认同的教学方法相符，但其课堂教学行为与教学理念和方法有时却不一致。部分高校英语教师教育经验和理论素养不足，缺乏对教与学关系的辩证理解，在教学中带有很大的主观性、经验依赖性以及各种不确定性，且教师的理论与实践之间依然存在一定的差距。不少高校英语教师尚未熟练运用国内外先进的英语学习理论，课堂依然是以教师为主的传统讲授，学生接收的也是较封闭的以应试为主的任务，高校英语课堂内容和形式均缺乏创新；有些高校英语教师不自觉地在英语课堂中扮演着"语言讲解者"和"语言示范者"的角色，忽视了语言中的文化因素对学生的影响和熏陶；还有些英语教师在课堂上的语言运用能力、教材处理能力以及协调实际课堂等方面的能力有待提高。

（八）科研水平偏低

科研是长期的、循序渐进的过程，需要不断在实践中摸索积累，而高校教师科研水平的高低又是衡量其专业化发展的必要指标。从我国英语教师的科研情况来看，尽管近十年来，高校英语教师在申报课题、发表论文、编写教材、接受各种形式的继续教育方面的总体发展趋势较好，但有相当数量的从业人员还对外语教育理论、原则非常模糊，这说明教师对科研能力在教学和教师自我发展过程中的作用认识尚显不足。杨忠等人认为，我国高校英语教师的科研水平偏低的主要原因有学科知识结构不够合理、跨学科知识结构不够全面、缺乏科研意识和科研精神、科研时间少、科研环境欠佳等。不少高校英语教师只专注于一线教学，不具备必要的科研理念，也没有掌握一定的科研方法，而且对科研在教学和教师发展过程中的作用也认识不清，对他们来讲，搞科研实为无奈之举，是为年度考核或提职晋升所迫，而以提高教学质量和充实提高自身业务水平和综合素质为目的去做科研的教师数量更是少之又少。

我国的高校英语教学是高素质人才培养的重要组成部分，对国家的政治、经济、科技、文化等领域的发展起着重要作用。在现今英语教学全方位改革的新形势下，高校英语教师的职业发展面临着前所未有的社会期许和改革机遇。因此，开展对我国高校英语教师专业发展的研究，寻求适当的专业发展有效途径和模式，帮助高校英语教师及时调整和完善自我，具有一定的现实意义。

四、高校英语教师专业发展的现实意义

世界在不断向前发展，再加上中国坚持改革开放的政策，因此需要大量的复合型、国际性、综合性的英语人才。而培养这类人才的重任就落在了高校英语教师的身上。高校英语教师只有不断提升自己、不断学习，才能保证知识足够、理念新鲜、方法灵活。

（1）英语教师身份的教、学、研三重性就决定着教师工作是十分复杂的。在教、学、研不断动态发展的过程中，教与学应该相长，用教学带动研究，以研究促进学习。另外，英语教师自身角色的三重性也要求教师应该树立正确的学习观，掌握科学的英语教学方法和策略，学习与时俱进的英语教学论，具备积极的科研功底与态度。由于英语教师教育具有动态发展的特点，同时具有长期性，因此，教师的专业化要求也是不断持续发展的，它会贯穿教师的整个教育生涯。

（2）教师这一职业还具有社会性，它与社会的发展有着密切的关系。社会发展是日新月异的，科技在迅猛发展，社会上新理念、新思潮不断涌现出来，这也要求教师教育应不断发展。

（3）英语具有独特的学科特点，这就需要教师应该放眼世界，胸怀国家，从世界的视角来看待英语教育。尤其是当今的学生有着鲜明的发展性与时代性，这就导致教师以往的"一师一法"是行不通的，必须寻求进步与改变。

上述这些方面都要求高校英语教师要扩大知识面、接受专业化教育、提高自身专业化素质与水平。总之，高校英语教师专业发展是必要的，应予以重视。

第二节　"互联网＋"背景下高校英语教师的专业角色与素质

一、"互联网＋"背景下高校英语教师的角色

"互联网＋"背景下高校英语教学作为一种新兴的教学方式，有效促进了课堂教学效果的提高和教学目标的达成，实现了个性化学习，同时其对教师提出了新的要求，促进了教师角色的转变。具体而言，在"互联网＋"背景下的高校英语教学中，高校英语教师的角色发生了显著的变化。"互联网＋"背景下的高校英语教师角色让英语课堂更为有效、生动，教师发挥了更多的引导和协助作用，为学生提供了个性化学习感受和多样化学习方式，对英语课堂教学的顺利实施有着显著的促进作用。说到角色，一般人会觉得其与身份、地位有关，认为角色是对人们身份、地位的诠释。在当今社会，教师扮演着十分重要的角色，他们以各种方式调动与引导学生参与活动，并引导

学生在自己设定的环境中展开探索。

（一）教师的角色

1. 教育者

作为一名教育者，教师首先担当着教育人和培养人的责任与义务。为了实现这一目的，教育者必须具备高度强烈的敬业精神以及社会责任感，以身作则，身体力行，通过自己的行为去教育和感染学生，帮助学生树立良好的人格。

2. 工程师

作为一名工程师，教师担负着引导人、改善人、塑造人的任务。教育的目的就在于改善人的行为、净化人的灵魂。这是因为，教师是人类行为和灵魂的工程师。作为工程师，教师在教书育人、对教育对象起到主导作用的过程中必须具有精湛的技术、渊博的知识，制造和设计出被社会认同的优质"产品"和优良品格。

3. 激励者

作为一名激励者，教师承担着鼓励和激发学生求知欲望的任务。兴趣是最好的老师，是推动学生学习的原始驱动力，而求知欲望是学生成功的前提。教师教育的一项重要任务是通过开展教学活动来开启学生通往智慧的钥匙，激发学生对知识的渴望及兴趣，从而不断培养他们认识世界、改造世界的能力。

4. 艺术家

作为一名艺术家，教师在教学过程中还承担着传播美的角色，不断培养学生的审美能力，提高他们鉴赏美的能力，使学生学会追求美，善于用眼睛观察和发现美，最终实现美的创造。

5. 指导者

作为一名指导者，教师在整个教学活动中起着重要的指导作用。通过运用科学的教学方法来引导学生学会学习，学会如何理解和掌握知识体系，如何培养自己的技能，如何从一个可知领域向着未知领域发展。

综上所述，英语教师作为普通教师，首先应该充当教育者、工程师、激励者、艺术家、指导者的角色。无论时代如何变化，学科有何不同，教师的本质特征是不变的，所以坚持这些共性特征是所有教育者必须遵循的。

（二）高校英语教师的角色

作为一名英语教师，除要承担上述角色外，高校英语教师还扮演着特殊的角色。英语学科具有独特的学习方法和体系，高校英语教师在进行教学时需要从英语学科的具体特点出发，即教学中应该包含如何提高学生的英语运用能力，如何激发学生英语学习的兴趣和积极性，这就要求教师必须担任以下八重角色。

1. 英语语言知识的引导者

高校英语教师是英语语言知识的诠释者，因此高校教师首先要具有渊博的英语语言知识储备。也就是说，高校英语教师必须对专业知识有一个系统的掌握，并能够系统地分析出各种英语语言现象。从教师教育的研究中不难发现，英语教师需要掌握的专业知识包含理论知识、形式知识、语境知识、实践知识等。这些知识不仅包含语言形式结构的知识，还包含语音知识、词汇知识、语法知识、语篇知识、社会文化知识等具体的语言使用的知识。高校英语教师只有掌握了这些知识，才能对语言材料、语言现象有一个清晰的剖析和阐述，也才能解答学生学习中所遇到的问题，从而使学生能够恰当地理解并实现语言输出。

另外，语言技能的掌握和使用也离不开语言知识的积累。通过不同的语言形式，语言功能得以实现。无论教师采用何种教学策略，其必须要教授的教学内容就是英语语言系统知识及对这些知识的分析和输出。可见，教师是英语语言知识学习的引导者和帮助者。

2. 英语语言技能的培训者

高校英语教师不仅是英语语言的诠释者和分析者，更是英语语言技能的培训者。在学生进行语言学习时，对语言知识的掌握是必要的前提条件和基础，而学习语言的目的是提高和发展自己的语言运用能力。一般来说，语言技能包含听、说、读、写、译五项。从语言的发展规律上来看，听、说位居第一，其次是读写、译。但是，从外语教育的角度来说，读、写、译位居第一，听、说位居第二。这就说明，高校英语教育的目标是让学生具备一定的读写译能力，而听说能力是提高学生读写译能力的前提和基础。

因此，在高校英语教学中，教师必须具备掌握语言技能的能力，这是一个全方位掌握的概念，是听、说、读、写、译的有机结合。如果不能掌握这些技能，教师就很难驾驭语言课程，也很难娴熟地组织语言教学活动，更无法完成提升学生语言技能的重要目标。另外，还需要指出的是教师还担任着英语语言训练合作者的身份。也就是说，并不是教师将任务布置给学生就可以了，还需要引导学生，参与学生的活动中，让学生在教师的帮助下更得心应手，既学到了知识，也完成了任务，从而提升了教师的教学效果。

3. 英语课堂活动的组织者

对于任何教学活动来说，课堂活动是必不可少的，这在高校英语课堂上也不例外。高校英语课堂活动是高校课堂教学的载体，设计合理的高校英语教学活动有助于提升教学的质量。如前所述，英语是一门特殊的学科，有着特殊和明显的特征，因此在课堂上教师需要对英语技能进行培养和训练。英语课堂活动恰好是训练技能的一种有效方式。

但是，就普通高校英语课堂来说，教师可用的教具只能是粉笔、黑板、幻灯片、投影仪、录音机等设备，这些设备携带并不方便。借助于这些教具，学生可以了解很多基础性的知识，对基本原理有了更直观的了解和接触，但学生并没有太多的机会参与课堂中，仍扮演着被动者的角色。同时，英语训练需要语言环境，但是在普通高校英语课堂中只能提供有限的教学环境，如辩论、对话、话剧表演等，学生缺乏真实的语言训练的机会，如远程对话交流、电影配音等。虽然教师发挥了活动组织者的身份，并且活动也大多都比较直观，但是这是远远不够的，很难加深学生对英语语言知识和技能的印象，也很难巩固自己的语言知识体系。

4. 英语教学方法的探求者

在高校英语教学中，教师不仅是固有教学方法的使用者，也担任着新型教学方法的探求者和开发者的角色。语言教学具有很强的实践性，因此其与教学方法关系密切。英语语言知识的分析、语言技能的掌握、课堂活动的组织等都离不开科学的教学方法。

英语语言教学的方法有很多种，如翻译法、听说法、交际法、情境法、任务法、自主学习法等。这些方法都存在某些优点，也存在着某些缺点。因此，任何一种教学方法都不是万能的，高校英语教师需要将各种教学方法综合起来组织和实施教学，以便获得更好的教学效果。就目前的高校英语教学来说，已经从传统的以教师为中心转向了以学生为中心，强调学生的地位，这也有助于实现教师和学生的双向互动。

5. 语言文化差异的解释者

高校英语教师还充当着中西方语言文化差异的解释者的角色。文化背景与文化传统不同，其价值观念和思维方式也存在明显差异。文化差异逐渐成了中西方跨文化交际的障碍。

从社会文化角度来说，语言是一种应用系统，具备独特的规范和规则，是文化要素中不可或缺的一部分。在英语教学与学习中，除要教授英语语言知识和技能外，还需要教授文化背景知识，三者是相互促进、相互补充的关系。

学习语言就是学习文化。在语言文化知识的内容上，除了要讲解本土文化知识，还需要讲解英语民族的文化知识。中西方语言文化的差异性主要体现在社会制度、风俗习惯、思维方式以及道德价值上，其在语言的词汇、篇章、结构、言语行为中都能够体现出来。作为中西方语言文化差异的解释者，英语教师要熟知和了解中西方的语言文化及差异性，因此他们需要大量阅读中英文资料、观看中英文电影，积累足够的能够表现中西文化差异的一手素材非常必要。

另外需要指出的是，在充当中西方语言文化差异的解释者过程中，教师需要保持一种中立的态度，文化没有好与坏，在选取素材上也尽量选取那些不会伤害任何文化的素材，这样有助于更好地引导学生对中西方语言文化有一个清晰的认知。

6. 英语语言环境的创设者

根据二语习得理论，语言环境对于语言学习有着至关重要的作用，尤其是在缺乏真实语言环境的教学中更是如此。通过创设真实的语言环境，教师可以将新旧知识联系起来，使学生了解中西方的文化传统习俗，接受原汁原味的中西方文化的感染和熏陶。这比学生单独学习词汇、句子等成效显著得多。

英语语言环境的创设不仅在课堂教学中展开，在课外也应积极创设。在课堂上，教师可以利用网络多媒体技术呈现与文化背景有关的资料和信息，让学生了解与西方社会文化资源接近的各类文化资源和语言环境，在课外教师可充分利用网络教学平台、英语学习语料库开列书目、布置任务，引导学生大量阅读英语报纸杂志、书籍，使学生能始终置身于英语学习的环境中，不断提高其英语水平。

7. 英语教学测试的评价者

教学评价是高校英语教学的一个重要环节。对高校英语教学进行科学、全面、客观、准确的评估对于教学目标的实现是非常重要的。教学评价既是教师获取教学反馈、改进教学管理、保证教学质量的一个重要依据，也是学生改进学习方法、调整学习策略的一个有效手段。在还未利用网络技术、网络资源之前，教学质量的评价往往只通过作业本、试卷完成。教师通过批阅学生的作业就可以了解学生对知识点的掌握情况，这对普通的高校英语教学是必不可少的。但是需要注意的是，任何事情都具有两面性，抛开批改作业的质量来说，就是当作业批改完成后教师也没有多余的精力去总结学生的完成情况，或者去分析其中存在的问题。

8. 英语语言教学的研究者

高校英语教师除担任语言教学任务外，还承担着研究者的任务。他们在掌握语言教学理论与性质规律的基础上，逐渐构建自己的教学理念，并运用这一理念去指导实践活动，达到良好的教学效果。因此，高校英语教师在英语语言教学实践中，必须进行英语语言教学的理论研究，将教学研究与课堂教学实践相结合，从而实现理论到实践的转变，再到理论的升华。

（三）"互联网 +"背景下高校英语教师的角色定位

在"互联网 +"背景下，高校英语教师的职责并没有削弱，反而面临着更艰巨的挑战，因为这一全新的模式对高校英语教师提出了更高层次的要求。高校英语教师必须学会运用先进的教学手段和教学模式，改变传统的教学理念和教学模式，这样才能适应当前教育的需求。在具体的定位上，教师除具备上述角色外，还担任以下几种特殊的角色。

1. 语言单元任务的设计者

单元主题目标往往需要设计单元任务，学生通过对真实任务的探索以及对英语语言的操练，既能够拓宽自己的知识面，又能够提高自己解决问题的能力。因此，语言单元训练任务是语言学习的一个重要项目，这就要求教师在网上设计相应的能够提升学生基本技能的任务，让学生在规定的时间内完成任务，并且提交后查看结果，用计算机当场给予学生分数。学生以这种方式完成一系列任务，有助于降低他们的压迫感与挫败感，他们也愿意参与任务中。语言单元训练任务的完成是学生解决问题、实现教学目标任务的前提，他们只有掌握了必备的语言素材，才能对相关的语言材料进行操练和应用。

2. 主题教学模式的设计者

在"互联网+"背景下，高校英语教学要求教师设计和探讨新的教学方法和教学模式，既要将网络多媒体的优势发挥出来，又要提高学生的学习效率。但是，高校英语教师设计的主题教学模式应该是学生感兴趣的热点话题，如校园生活、学业压力、人际关系、就业、考研、钦佩的人、难忘的事、旅游、海淘等。整个主题教学模式是围绕某一主题进行的，让小组进行关于主题的分散讨论，最后以主题写作形式结束单元主题的教学。

当教师运用网络来与学生进行讨论时，要对教学的内容、网上的资源进行合理安排。一般来说，讲评和讨论可以在课堂上进行，而阅读和写作可以在网络上进行。在网络多媒体环境下，教学中设计的每个主题都可以在网上找到丰富的资料，包含其涉及的文化背景知识和发展动态，然后由学生自己进行整理总结，得出自己的结论，然后再与其他学生展开讨论，这样就可以不再局限于课本对学生的束缚。

3. 学生网络学习的帮助者

"互联网+"背景下的高校英语教学的一个重要特色就是其具有网络监控作用。通过网络监控学习，有助于了解学生的学习过程，帮助学生实现自己的需要。教师是学生网络学习的帮助者，尤其是后进生的帮助者。通过学生对网页等的浏览，教师可以进行记录，了解学生的参与情况和次数，帮助他们了解学习中的困难，并解决实际中的问题。但是，由于学生出现的问题不同，因此教师应该根据不同的学生给予不同的指导和辅助，促进学生得到不同层次的提升和进步。可见，教师对学生网络学习的帮助更具有人性化，避免了学生出现畏惧心理，并能够快速地解决问题，完成自主学习。

4. 在线学习系统的建立者

网络技术为高校学生的英语学习提供了便利条件，而调控学生的学习、提供个别指导是教师的主要任务，但首先要做的就是建立一个完善的在线学习系统。这一系统不仅要包含教师端，还要包含学生端。学生端首先需要填写学生的信息，然后按照班级向教师提出申请，进而加入这一在线学习系统中。教师对学生端进行审核，确定无误后允许学生加入该系统。根据导航指示，学生获取相关资料或者可以下载下来。例如，在线学习系统包含"单元测试"与"家庭作业"等子项目，学生在"单元测试"中进行训练和测试，在"家庭作业"中提交自己的作文。之后，学生可以通过"师生论坛"或者 E-mail 的形式与教师或者其他学生进行讨论，参与网上的交互。不难发现，在线学习系统是课堂教学的延伸。通过系统的处理和记录，教师可以将学生的记录进行比较综合，从而迅速、直观地了解学生的学习状况。

5. 交互机制实施的促进者

单纯的语言输入并不能保证语言的习得，而交互活动是语言习得的关键，其中交互活动包含意义协商和语言输出。网络多媒体为高校英语学习的交互提供了便利。作为交互学习的促进者，教师应该组织指导和激发学生参与主题单元的交互活动中。例如，利用 BBS 发布教学内容，给学生布置学习任务，为学生分析解决问题提供指导；利用 QQ 群、微信群或者讨论组与学生进行交流等。这些网络交互活动可能具有即时性，也可能具有延时性，但是在整个活动中教师都是促进者的身份，与学生进行平等的讨论，并给予恰当的意见。

6. 数据搜集整理的分析者

随着使用大规模的在线公开课程，学生可以免费获取大量的名校课程，学生进行学习的途径有更多的选择，这就给高校英语教师提出了更高的要求。数字教育平台的建立，使各门课程的网络学生有很多，网络信息库的资源被迅速捕捉出来。通过对学生的海量信息进行收集和挖掘，高校英语教师可以更准确地把握学生的特征以及学生的学习效果，并对学生下一步的学习形式和内容进行预测，真正地实现因材施教。作为大数据的搜集挖掘者和分析者，高校英语教师必须掌握大数据分析的技巧和方法，其中包含模型预测、机器学习、比较优化、可视化等方法。

二、"互联网 +"背景下高校英语教师的素质

（一）教师的素质

从心理学上说，素质即人们与生俱来的神经系统、感知器官的某些特征，尤其指的是大脑结构与技能上的某些特征，并认为素质是人们心理活动产生与发展的前提与基础。

沃建中认为，教师素质是教师能够顺利完成教学任务、培养人所必须具备的品质，且是身心相对稳定的基本品质。

林崇德将理论与实践紧密结合，将教师素质界定为："在教学活动中，教师表现

出来的、对教学效果起决定作用的、对学生身心发展产生直接影响的心理品质的集合。"

本书所说的教师素质主要侧重于教师的从业素质，即教师的职业素质，具体指教师为了与教师职业要求相符所必须具备的基本能力与品质。其中包含教师的道德素质、文化素质、思想素质、能力素质、科研素质等。

（二）高校英语教师的素质

根据林崇德先生提出的"三层次五成分"教师素质观，从当前高校英语教师的基本情况考量，高校英语教师素质的内涵可以涉及以下五个层面。

1. 职业理想

教师的职业理想是教师从事教学工作的兴趣与动机的体现，是其献身于教学工作的原动力。在高校英语教学中，教师的职业理想表现为积极性、事业心、责任感，高校英语教师具备的崇高的职业理想，是他们开展高校英语教学活动的有利层面。

2. 知识水平

教师所具备的知识水平是教师开展教学工作的前提。林崇德（2005）从功能角度出发，将教师的知识结构划分为四大部分：本体性知识、文化知识、实践知识、条件性知识。

教师的本体性知识是教师特有的知识，如英语语言知识，这是为人们普遍知晓的。这一知识与舒尔曼的学科知识基本等同。在林崇德看来，一个人最佳的知识结构就是自己所从事职业的知识，这是获取良好教学效果的保证。

教师的文化知识对于教师教育效果而言有着重要意义，其与教师的本体性有着同等重要的作用。

教师的实践知识是指教师在具体的课堂中，面临有目的的行为所具有的课堂情境知识或相关知识。这种知识是教师经验的积累。教师的教学与研究人员的科研活动不同，具有情境性，且在这些情境中，教师的知识主要是从个体实践而来的。同时，实践知识会受到一个人经历的影响和制约，这些经历有人的打算、人的目的、人的经验积累等。这种知识的表达有着丰富的细节，并且以个体化语言来呈现。

教师的条件性知识是一个教师能否取得教学成功的保证。一般来说，教师的条件性知识可以划分为三种：学生的身心发展知识、学生成绩评估知识、教与学知识。

3. 教育观念

教师的教育观念是他们在教学活动中形成的对教育现象的主体性认知，是从自身的心理背景出发进行的认知。一般来说，教育观念包含知识观、教育观、学习观、学生观等。

4. 监控能力

教师的监控能力指的是他们为了保证教学能够顺利实现预期目标，在教学过程中对其进行主动计划、检查与反馈等。具体来说，包括对课前教学的设计、对课堂进行管理与指导、对课堂信息进行反馈。事实上，教学监控能力是教师对其认知的调节与控制，是教师思维反省与反思的体现。

5. 教学策略与行为

教师的教学策略与行为是教师为了实现教学目标，从学生的特点出发，采用各种教学手段展开因材施教。在高校英语教学中，教师的教学策略与教学行为是教师根据不同学生的学习风格与水平差异，创造符合学生风格的课件，采用网络多媒体技术，将自身的教育思想与学生容易接受的方式完美地进行融合。

（三）"互联网+"背景下高校英语教师的素质要求

1. 解读多元文化的能力

在跨文化背景下，教师需要具备对多元文化进行正确解读的能力，具体而言表现在以下三点。

（1）多元文化是一种历史事实。不同的文化具有差异性与多样性，这是人类文化从诞生开始所体现出来的一种客观存在。就历史角度而言，多元文化的差异性与多样性是一个不争的事实。就宏观的世界历史而言，早期有古希腊文化，中国有春秋战国文化、隋唐文化、明清文化等。这些都可以说明，历史时期不同，文化自然也不同。因此，多元文化是一种历史事实，指的是在一个地域、社会、区域等特定存在的、相互关联的却又具有独立文化特征的几种文化。

（2）多元文化是一种政治诉求。多元文化不仅是一种事实存在，还是一种价值存在，是人们在文化上所秉持观念的展现。多元文化源自不同族群在争取平等的经济、文化权益斗争的结果，是一种对经济、文化等平等的追求。多元文化不仅限于文化层面，而且是包含了不同民族、不同族群的经济、社会等多种概念。

（3）多元文化是一种思维方式。就哲学意义而言，多元文化体现的是一种思维方式，对多元文化的理解就是对多元文化差异性、多样性的承认，并要认识到所有文化都应该是平等的，彼此之间会产生直接或者间接的影响。与之相对的认识就是对客观世界的认识，人们对其认识不应该从单一的角度出发，而应该从多个视角来认识和理解。多元文化这一思维方式打破了传统的一元思维方式。

因此，多元文化不仅是一种历史事实、政治诉求，还是一种思维方式。教师应该对多元文化进行正确的解读，从多样的视角对不同文化予以尊重、学习与理解，不能毫无保留地全盘接受社会主流文化，对其他文化全盘否决，应该批判地看待不同文化。因此，教师在对多元文化的解读中，应该持有平等、公正、多元的理念。

2. 以学生为中心的教学意识

在传统的高校英语教学模式中,教师在课堂上占据绝对的主体地位,他们是教学活动的掌控者、组织者,学生是被动的参与者。在这样的教学过程中,教师也不会意识到不同学生是存在差异的。即便教师注意到了这一点,大多数教师也会忽略。实际上,在高校英语课堂中,所有的学生形成一个多元文化语境,他们来自不同的地区,具有不同的成长背景,这就使他们有着不同的接受能力、不同的思维方式等。如果教师对所有学生都一视同仁,那么必然会削弱学生学习的积极性与主动性,也势必会导致教学效果不佳。在跨文化教育背景下,教师应该以学生为中心,教师自身的角色也应该发生改变,从原本对课堂的控制者转变为对学生英语学习的辅助者,同时对待每一位学生都应该持有平等、公平的姿态。教师要认识到不同学生的文化差异与多样性,对不同的学生采用不同的方法,使学生成为教学的主体,展现自身的个性,从而更好地在多元的环境中习得英语这门语言。

3. 数字时代下的信息素质

随着科技的日益进步,人们逐渐意识到,人才的高素质是一个国家、一个民族最大的竞争力。在所有素质中,信息素质是最不可忽视的。因此,各国教育界都特别注重对个人信息素质的培养,很多国家从中小学起就抓孩子的信息素质教育。然而,对于中国来说,信息素质教育的起步特别晚,并且一直以来仅对在校的高校学生开设文献课,直到教育信息化实施,才在一些条件相对较好的中小学开设信息教育课。对于在职的高校教师而言,信息素质教育根本就没有得到应有的重视,甚至有的教师都不知道信息素质的含义。很多资料表明,我国高校教师的信息素质早已无法适应当今教育信息化对高等教育发展的需求,与发达国家相比,存在巨大差距。

第三节 "互联网 +"背景下高校英语教师专业素质发展创新策略

一、提升专业能力

教师要想在跨文化教育背景下提升自身的跨文化意识,首先需要提升自身的专业能力。具体来说,可以从以下两点着手。

(一)专业引领

目前,我国的高校英语教学在不断革新,先进的理念需要有骨干、研究者的带领,才能促进自身的专业发展。一般来说,教学专家、资深教师等都可以起到专业引领的作用。普通高校英语教师要向他们学习，接触先进的思想与经验，从而推动自身专业的发展。

1. 专业引领的要求

（1）要发挥专家与普通高校英语教师之间的能动性与积极性。不同的引领人员，其所侧重的层面也必然不同。科研专家对教学理论非常注重，因此其在引领上更注重理论与实践的结合。骨干教师注重教学实践，因此其在引领上更注重具体操作。但是无论是哪一种引领，他们都需要较高的引领能力，既能够在理论上进行指导，还能够在具体操作中提供建议。对于普通的高校英语教师而言，他们应该配合专家与骨干教师，对他们给的建议要认真听取，并择优采纳，从而分析与总结自身的教学问题，对自己的教学活动进行反思，提升自身的专业素质。

（2）高校英语教师要保证教学内容、目标等的正确，采用的方法要恰当。高校英语教师专业发展的总目标在于让他们能够对新知识、新信息予以把握，并且能够在这些新知识、新信息的基础上提升自身的专业素质。不同的高校英语教师存在着个体的差异，因此在专业发展、水平上也必然不同，因此在进行专业引领时，需要考虑不同教师的具体情况，为不同的教师给予与他们相符的方法，从而实现专业引领的合理性与有效性。

2. 专业引领与高校英语教师专业能力发展

从上述分析可知，专业引领对于高校英语教师专业能力发展非常重要，具体而言可以从以下三个层面着眼。

（1）阐述教学理念。在很大程度上，高校英语教师的教学行为往往会受到教学理念的影响，因此在专业引领中，专家、骨干教师等应该尽可能引导普通的高校英语教师熟悉与掌握教学理念，可以采用讲座或者报告等形式。

（2）共同拟定教学方案。当普通高校英语教师掌握先进的理念之后，专家、骨干教师应该与普通高校英语教师共同探讨先进的教学方案。在这一过程中，专家、骨干教师不仅是引领者，还需要对普通高校英语教师的教学设计提出建议、给予指导，从而让普通高校英语教师的教学设计更为完善。在专家、骨干教师等的引领下，普通高校英语教师能够顺利地制定出与教学理念相符的教学方案，并将这一方案付诸实践。

（3）指导教学实践尝试。当制定完教学方案之后，就需要将其付诸实践，从而对教学方案进行验证。在验证时，专家、骨干教师应该参与其中，对教师的教学行为进行记录，从而与具体的方案进行对比，找出差距。在教师结束课堂之后，专家、骨干教师与普通高校英语教师进行分析与探讨，对教学方案进行修订，从而使方案更完善、更切合实际。

（二）课堂观察

所谓课堂观察，是指通过有计划的观察，对课堂的运行情况以及一些细节进行分析与记录，从而改进教师的课堂教学与学生的学习。与一般的观察相比，课堂观察要求观察者有明确的目的，并借助观察表、录像设备等手段，直接或间接从课堂收集资料，并对收集的资料进行研究与分析。

1. 课堂观察的步骤

课堂观察一般分为以下三个步骤。

（1）在课堂观察之前，首先要对解决的问题予以明确，保证观察的针对性；其次，要根据相关问题对规划予以制定。一般来说，规划的内容包含时间、地点、方式、课次等。如果条件允许，可从具体的要求出发，对观察者进行专门的培训。

（2）在课堂观察过程中，就要采用一定的观察技术手段，从课堂观察之前制定的观察要点与观察量表出发，选择恰当的观察角度与位置，进入观察状态，通过采用不同的记录手段，在技术层面将定性与定量方法相结合。在观察过程中，还需要对典型的行为进行记录，尤其要记录下实际情况与自己的思考。

（3）课堂观察结束后，要对记录的资料、收集的材料进行分析与整理。课堂记录的资料分为两种：一种是定量性质的，另一种是定性性质的。这两种资料所采用的分析手段不同，但是目的却是相同的，即通过系统的分析，对课堂行为间的关系进行了解与把握，解决课堂中存在的实际问题。通过分析与整理，所有参与者最终探讨相关的解决方案。

2. 课堂观察与高校英语教师专业能力发展

课堂观察对于高校英语教师的专业发展有着重要的意义，具体而言表现为以下两点。

（1）课堂观察有助于教师专业发展的实践反思。基于课堂观察的自我反思是教师在教学中做出的并能够产生结果的分析与审视。在反思的过程中，教师将自己视作有见解、有理想、有决策能力的人。这样，教师就会对教学行为、教学计划等进行分析与自评。反思能力的养成是确保教师继续学习的基本条件。在反思中，教师对自己的专业视野加以拓宽，将自己追求超越的动机激发出来。同时，这种观察不仅有助于对自己的教学实践与教学行为加以改进，还有助于不断提升自身的教学水平与教学质量，促进自身的成长。课堂观察使教师对课堂生活进行真正的认识，也有助于不断激发教师的自我发现、自我设计。通过自己与同事的观察，教师能够不断提升对自我认识，不断增强自信心与责任感，由此促进教师批判地、系统地分析自己的教学行为与教学水平，发展自己的判断能力，使自己与其他同行之间相互反省与通力合作，解决教学中存在的现实问题，并通过课堂观察，对自己的教学不足加以改进，提升自身的教学水平与教学质量。

（2）课堂观察有助于加强教师对课堂的驾驭能力。教师在教学活动中发生的教学管理、教学行为等，只有进行全面的、系统的观察，才能真正地将课堂中的各种行为记录在内心，保持课程能够顺利地开展，并获得口头的或者书面的评价资料等。因此，对教师来说，课堂观察是理解与解释课堂事件背后的意义最为直接的方法，对教师理解与把握课堂行为，有着极其重要的作用与较高的价值。教师要想对自己课堂上的表现与行为有清楚的认识，必须要进行课堂观察，通过课堂观察、课堂行为的分析，教师能够获得更为详细、更多的与自己与学生相关的反馈。在观察中，教师能够发现自己或者其他教师的问题，让自己清楚地认知自己的教学行为。另外，在课堂观察之后，教师能够与其他教师进行交流与探讨，对自己的教学行为进行反思，对自己的教学行为加以改进，找寻恰当的教学策略，从而积极主动地改进教学中存在的问题。

总之，课堂观察有助于教师对自己的课堂行为、课堂观念有清楚的认识，进而对自己的教学进行自我评价，从而激发自身对专业发展的积极性与兴趣。

二、提高专业意识

所谓教师的专业发展意识，指的是教师按照教师专业化的要求，对自己专业发展过程、目前专业发展状态、未来专业发展规划的系统化、理论化的认识。教师的专业意识是基于教师的自我意识、职业认同、动机的基础上产生与呈现的，其对教师素质与能力的拓展起着重要的规划与导向作用。要想提高高校英语教师的专业意识，首先就要掌握一定的方式、方法和策略，这是信息化教学能力培养的中观层面。在这一层面，高校英语教师的职前培养、教学实践、在职培训、协作交流、自主学习等是最为主要的四个方面。

（一）进行职前和在职培养

高校英语教师信息化教学能力的发展是一个系统的过程，进行职前与在职培训是高校英语教师信息化教学能力发展的重要促进环节，两者是紧密结合的，通过职前培训，可以使高校英语教师系统掌握信息化教学技术的知识和能力，为下一步高校英语教师在高校英语教学过程中运用信息技术打下了坚实的基础。通过在职培训，可以让高校英语教师及时学习最新的信息化教学技术，并可以与更多的高校英语教师进行沟通交流，从而提高自己的信息化教学能力。

（二）传统方式与网络方式相结合

在当今高校英语教学中，利用信息化技术进行高校英语教学时，也不要忽略了传统的高校英语教学方式，要将传统的教学方式与网络方式结合起来进行，教师在教学过程中要与学生进行不断的面对面的交流，不断提高自己的信息化教学能力。随着信息技术的不断发展，人们获取信息资源的渠道逐渐多元化，无论是知识的获取，还是教学经验的分享等都可以通过网络来获取。因此，将传统方式和网络方式结合起来能极大地提高高校英语教师的教学能力，从而促进高校英语教学质量的提升。

（三）自主学习与合作交流相结合

在信息技术教学背景下，高校英语教师要想具备一定的信息化教学能力，就需要通过不断的学习和提高，以适应不断发展和变化着的学校教育。在平时的工作中，高校英语教师可以通过自主学习掌握基本的信息化技术手段，与其他的高校英语教师进行沟通与合作，多参加一些与信息化教学有关的研讨课等，逐步提升自己的信息化教学能力。在面对面协作交流的过程中，要注重提高虚拟的、跨时空的协作交流能力。这对于高校英语教师掌握信息化技术，提高高校英语教学水平具有非常大的帮助。

（四）技术知识与实践应用相结合

信息化技术知识与能力主要是高校英语教师通过职前培训得到的，但需要注意的是，光掌握信息化技术知识还远远不够，还要具备一定的技术知识与实践应用相结合的能力。通过信息技术的培训，高校英语教师可以在学习中体验和模仿，强化对信息技术知识的实践应用。只有将技术知识与实践应用充分结合起来才能实现既定的学习目标。

信息化教学的技术手段有很多，作为一名高校英语教师，一定要学习和掌握基本的教学技术软件，尤其是对一些年龄较大，不易接受新鲜事物的高校英语教师而言。在平时的信息化教学中，PPT演示文稿、多媒体教学软件等都是最为常用的技术，高校英语教师还要利用计算机搜集和掌握一些教学素材，不断提高自己的多媒体技术能力，从而不断提高自己的信息化教学能力。

随着现代信息化技术的不断发展，网络上出现了各种培训课程，其中有关网络技术的培训课程也是相当多的，这一部分课程既有免费的也有付费的，通常都有着较强的专业性，作为一名高校英语教师，尤其是信息化技术教学水平较差的教师，可以多参加一些网络技术课程的学习，从而提升自己的信息化教学能力。

三、促进自主发展

（一）教学反思

教师的教学反思被认为是提高教师素养的核心因素，教师反思是立足于自我批判与自我观察的，从而自己发现教学中的不足，改革自身教学的不良行为。同时，通过科学地、系统地分析和研究这些问题来提高教育品质、教学质量和自身素养。下面重点对教学反思的内容与形式加以分析。

1. 教学反思的内容

教学反思主要是对教学理念、教学角色、教学方法以及教学效果进行反思。

（1）反思教学理念。理论是行为的先导，成熟理论指导下的教学活动有助于预期效果的达成。高校英语教师应该反思自己的教学理念，用先进的理论武装自己，根据多元社会的要求转变教育理念，从而从思想上为自己的角色转换排除障碍。

（2）反思教学角色。教师是教学活动的主导者，因此高校英语教师要做好课前、课中以及课后的教学管理工作。高校英语教师应该突出学生的主体地位，培养学生的英语综合运用能力，同时培养学生的自主学习观念，才能帮助学生确立正确的目标，激发学生学习的动力，从而努力提高学生自身的自主学习水平。

（3）反思教学方法。有先进的教学理念作指导，如何在英语教学中展现出来，就需要高校英语教师对自己的教学方法进行反思。作为课程的设计者、课堂的管理者以及学习的评估者，高校英语教师应该对教学方式进行反思和改进。

（4）反思教学效果。根据教学评估可知，教师的教学效果有好坏之分，如果教学效果好，教师应该对教学效果进行反思，从而总结成功的经验并分享给他人；如果教学效果不好，就更需要反思，主动找出问题的所在，在以后的教学中加以改进。对教学效果进行反思，高校英语教师主要可以从以下四个方面进行：①积累丰富的经验，善于发现问题；②对问题进行观察和分析，找出问题存在的根源；③重新审视自己的教学方法和教学策略；④通过实践进行检验，用实践来证明反思的效果。

2. 教学反思的形式

教学反思的形式主要有以下三种。

（1）记录教学日志。在教学结束之后，高校英语教师可以将自己对所教的内容、方法等的感受记录下来。高校英语教师记录教学日志的过程也是对自己教学思考的过程，同时教学日志可以作为高校英语教师日后进行教学反思的材料。具体而言，高校英语教师教学日志的记录可以从以下四个方面展开。①对教学过程中问题的质询和观察；②对课堂上所发生事情的感受；③对教学活动的有意义方面进行的描述；④需要思考的问题以及解决问题的办法。记录教学日志的间隔可以因人而异，如可以一天写一次，也可以一周写一次，也可以一个月写一次。但是，需要注意的是，高校英语教师应坚持记录日志，只有这样才能根据日志来发现自己的教学规律以及组织教学的习惯与方法。

（2）调查与问卷。高校英语教师可以采取调查与问卷的形式来反思教学。高校英语教师的调查与问卷可以就自己或同事对教学的认识与看法以及学生的学习兴趣、学习态度、学习方法等情况来展开。高校英语教师可以参考其他相关书籍中的调查问题或问卷，也可以自己设计一些调查题或问卷。

（3）建立教学档案袋。教学档案袋是一种质性的评价方式，通过要求教师对一个主题下的相关教学资料进行收集整理和不断的分析、反思，从而达到展现教师能力和促进教师专业发展的目的。以下八个方面都可以作为教学档案袋的内容：①教师自己的教学理念；②教学的重点、难点与教学目标；③教学日志；④教学录像；⑤教学观摩记录；⑥课堂教学材料；⑦学生作业样本；⑧学生反馈。建立教学档案袋可以帮助高校英语教师对自己的教学进行反思，从而促进自身的发展。

（二）行动研究

在高校英语教学中，高校英语教师教学能力的提升要求教师应该成为行动的研究者。高校英语教师要从一些实际问题出发，改变自己的教学方法，在对问题解决的过程中进行自我评价与监控。通过评价，使教师对问题的理解能够得到改进和修正。

实施"计划—行动—观察—反思"的行动研究过程，目的是对课程进行改善，对教学实践予以发展。在行动研究的过程中，教师承担的角色有多种多样，如自我反省、自我研究、自我实践等。高校英语教师应给对教学活动侧重的基础上展开行动研究，实现"在教学中研究，在研究中教学"。在高校英语教学实践的基础上进行行动研究，是有助于教学理论与原理形成的一种应用研究，是教学实践者从自己的课堂教学出发，对教学问题进行解决的一种研究。因此，其对于推进教学改革、提高教学效率而言有着十分重要的现实意义和理论意义，研究对象不同，其开展行动研究的步骤也必然存在差异。但是，通常来说，行动研究的步骤主要包含以下六点。

（1）对研究需要调查的问题和情境进行确定。

（2）对行动研究需要研究的问题加以解释。如果这些问题比较大，那么就可以将其逐渐缩小，采取特殊的收集资料的方法进行阐释。

（3）对于资料收集的背景方法进行阐释。为了能够对这些问题进行全面的了解，可以采用不同的形式进行收集。

（4）通过确认模式或发生的主题来分析资料。

（5）资料分析完成之后，开始实施行动策略，并在实践中灵活地运用这些策略，然后在研究的循环圈中考查这些策略是否有效，不断改进。需要注意的是，教师应对研究所取得成果的模糊性和不确定性做好心理准备。

（6）将研究成果公开发表，并将研究成果呈现给同事和学生。通常，教学行动研究实施起来比较容易，有助于教师解决教学中的现实问题，提供有价值的实验过程，提高教学效率，使教师与学生享受课堂教学与学习带来的乐趣。

（三）教学日志

日志简单来说就是日记的一种，多指非个人的，一般是记录每天所做的工作。日志通常会对每天所遇到的事和所做的事进行记录，有的兼记对这些事情的感受，有时也可不做记录，直接抒发感情。如今，"日志"一词已被广泛运用到各个领域，如网络领域和教育领域等。在教育领域，日志是记录人记录一天学习、生活及专业发展的载体。

教学日志可以理解为教师积极主动地对自己的教学活动中具有反思和研究价值的经验进行的持续而真实的记录和描写，并在此基础上对其进行批判的理解和认识，从而不断更新观念、增长技能，促进自身专业发展的一种手段和方法。这一概念表述更加合理，它指出了教学日志撰写的主动性与连续性。教学日志不仅是记录教师的日常教学活动，更是教师通过写教学日志给自己提出一些问题。教学日志的写作过程，就是教师反思自己教学的过程，通过写教学日志，教师可以审视自身工作中的不足，进而提出解决问题的方法。在这一过程中，教师的发展必须根植于自身的教学实践，从中获取丰富的材料，并对其进行加工整理，从而反思构建自己的教育生活。

1. 教学日志的内容

大体来看，教学日志可以包括以下五个方面的内容。

（1）教学内容。对于教学内容，不同的教师有不同的理解，主要包括教师教什么、如何教，教学计划执行情况等问题。教师可将教学内容的设计、组织安排，教学中临时应变得当的措施，层次清楚、条理分明的板书，以及教学活动中出现的疏漏之处详细地记录下来，以供教学随时参考使用。

（2）教学理论与教学方法。教学理论是指为了使教学情境更加合理，以便达到教学目标所建立的一套具有处方功能的系统理论，包括某些教学思想方法的渗透与应用过程，教育学、心理学中一些基本原理使用的感触等。在具体的教学中，教师、教育者可将教学理论与自己的教学实践结合起来，从中发现自己教学中的问题。教学方法则包括教师、教育者对自己教学方法的反思，也包括对学习者学习方法的指导，如目前流行的教学方法适合哪种课型，自己的教法有何创新，哪种教学方法更有利于促进学习者的学习等。

（3）自我反思。自我反思是教师对自己优点与不足的认识，也是教学日志的重要内容。教师的教学活动中必然有成功之处，也有不足之处，教师在教学中要善于捕捉教学中的灵感闪光点。在具体的教学过程中，师生的思维发展及情感交流的融洽，往往会因为一些偶发事件而产生瞬间灵感，这些"智慧的火花"常常是突然而至的，若不及时利用课后反思去捕捉，便会很快消失。通过撰写日志，可以捕捉、记录在教学过程中产生的灵感、奇思妙想，这样不仅利于未来教学，同时能反思教学中的失败之处及其原因，进而想出补救的方法，提出更加切实可行的教学方案。

（4）学习者情况。学习者的学习情况也是教学日志应包含的重要内容，具体包括以下八个方面：①学习者学到了什么；②学习者在课堂上的反映如何；③学习者对本次课堂内容的理解程度；④学习者学习本课的积极性和主动性；⑤学习者在课堂上的见解；⑥学习者课堂纪律情况；⑦学习者在教学过程中表现出的疑惑之处；⑧学习者在教学过程中的突发事件。此外，在学习过程中，学习者会有一些创新的想法和独到的见解，对此教师应给予充分肯定，这样不仅可以鼓励学习者进行自主思考与学习，也能帮助教师从中获得启发，进而反思自己的教学，提高教学水平。

（5）教学评价。教学评价是教学过程中的重要环节，理应成为教学日志的重要内容。具体来说，教学评价包括督导及学习者对课堂教学正面和反面的评价。教学评价为教师提供了一个科学了解自身教学状况的窗口，使其明了自己在教学中存在的不足和今后努力的方向，从而为教师自身的发展提供良好的途径。

2. 教学日志对高校英语教师专业发展的积极影响

（1）教学日志能促进教师、教育者专业的成长。教学日志能够促使教师养成思考的良好习惯，在思考的过程中，教师形成自我评价，通过自己与自己的对话更清晰地认识了自己及自己的职业，认识自己组织教学的特点，了解最适合自己的教学方式，帮助自己成长。教学日志的撰写过程也是自我反思的过程，没有反思的经验是狭隘的经验，如果教师仅满足于经验，而不对经验进行反思，那么教学日志的撰写也就失去了其本身的意义。

（2）教学日志可帮助教师提高自身的教学研究水平。教师作为教学的重要组成要素，常年工作在教学的第一线，大多有着丰富的教学实践经验，这为他们创作科研论文提供了最直接的灵感和素材。高校英语教师可以通过教学日志进行反思，对反思中的重要观念和教学策略进行归纳总结。这样经过长期的积累，就会催生科研成果。可见，教学日志本身就是培养教师的反思能力、促进教师专业发展的重要方法，更重要的是，教学日志也是一种研究，是对教师及对教师思维习惯、理论水平的研究。总之，通过教学日志的撰写，可有效提高教师的研究水平，进而可以更好地服务于教学。

（3）教学日志可促进教师之间的交流与学习。教学日志具有公开性与共享性，如果教师本人愿意，自然也可以拿来和同事、专家共同分享。教学日志可以有广泛的读者，包括领导、专家、同事、家长与学生等。通过领导和专家的反馈，教师可以了解教学中的优点并继续保持，同时可以得到领导或专家的中肯建议；通过与同事进行交流与分享，可以获得更加丰富的教学技巧，积累教学经验；通过家长的反馈，可以了解自身教学中的不足，努力改进；通过与学生进行交流，可以更好地了解学生，在教学过程中做到因材施教。

第四节 "互联网 +"背景下高校英语教师自我效能提升研究

数字科技的稳步发展为互联网构建奠定了坚实的基础，互联网的影响力与影响范围逐步扩大，不仅提升了社会工作的办事效率，并为经济发展、文化交流及技术推广提供了科学渠道。因此，互联网时代为现代教育体系在培育高校教师方面注入了全新的思维理念，不再仅关注教师教育能力的提升效果，而是逐步意识到心理培养对高校教师能力发挥的作用。培育高校教师自我效能意识，确保其有效发挥自我效能，提升教育自信心成为教育优化改革注重的关键。因此，本节以互联网络时代这一背景为基础前提，着眼于高校英语教师群体，探究自我效能于其教育生涯中的影响作用，进而构筑自我效能提升方案，确保高校英语教师建立良好的自我效能体系。

一、教师自我效能的定性

互联网时代背景下，明确自我效能对教师的影响是针对自我效能进行科学定性的前提。自我效能的具体含义，主要指人类在某一环境中通过认知自身能力，对所从事工作进行效果预判的行为。自我效能在很大程度上具备主观性，是人类对自身能力的理解，以及对自身行为所达成效果的认知。因此，浅易了解自我效能，其是人类在从事某领域工作中，确保目标达成的心理暗示，即俗称的"我能行"意识。

目前，将自我效能的理解定性为"积极心理学"的一种并不过分。早在 20 世纪 70 年代，美国斯坦福高校教授阿尔伯特·班杜拉首次提出这一概念，随后便逐步被应用到医疗、保健、管理及社会发展的各个领域。可以说，自我效能的确定可以行之有效地鼓舞人类发展，并为人类社会逐步完善奠定坚实的基础。

基于此，针对数字技术支持的互联网时代下高校教育体系优化而言，在教育体系中充分融入自我效能，不仅对学生学习能力提升有十分重要的帮助，对教育者教育能力优化也能起到良好的效果。因此，着眼于高校英语教育领域，确保英语教师自我效能的构建，是现代高校教育发展的当务之急。

二、互联网时代下自我效能对高校英语教师的影响

在科学定性自我效能的基础上，明确自我效能对高校英语教师的影响及作用，行之有效地构建互联网时代下教师自我效能提升体系。

（一）激发高校英语教师成功动机

在高校教育中，英语教师的自我效能表现在其教学活动中，根据以往的教学经验及教学成果，判定与认知自身教育对学生学习成绩的影响作用，并以此来明确教育开展是否能完成教学最终目标，这便是英语教师的自身效能。目前，在数字化、网络化的基础环境下，教学反馈方式越发多元化，教学交流速度也与日俱增，教师了解学生知识掌握情况的渠道逐步丰富，借由学生知识掌握情况的信息了解进行自我效能构建十分方便。因此，在明确自我效能的情况下，教师在教学上表现的状态存在着翻天覆地的变化。若其认定自身教育效果具有成效，便能更为积极主动地开展教学，并不遗余力地投入教育工作中。反之，若其发觉自身效能无法改变学生现状，其教育积极性将大幅降低，对学生的投入也会减少。由此可见，有效利用自我效能，确保教师获得教育自信，才能保证英语教学开展趋于成功，并推动英语教师身心成长。

（二）确保英语教学有效实施

自我效能不仅能激发高校英语教师的成功动机，其在推动英语教学有效实施上也有至关重要的影响。众所周知，在科技高速发展，人们生活水平日渐提升的当下，世界一体化推动中国经济稳步发展，中国市场对国际化人才的需求量也日渐增加。在此前提下，英语教学有效实施对高校人才培养而言意义重大。目前，在国际化人才培养过程中，高校英语教师的语言培育作用不容忽视，确定英语教育在教育体系中的重要作用，预判英语教育成果对社会发展的推动作用，将促使高校英语教师不断完善自己，不断发展自己，在提升英语教育水平的同时，增进自身引导能力，为现代教育人才培育奉献力量。借由自我效能体系的分析，充分引导高校英语教师明确自身价值，肯定自身能力，并预判能力应用对未来社会发展的有效作用，将会在英语教学活动中发挥巨大作用。

（三）保证高校英语教师身心健康

自我效能不仅对高校英语教师成功动机及教学实施有巨大影响作用，其在构建高校英语教师身心健康上也会产生实质性影响。"自我效能"提出者班杜拉在论证"自我效能"时表示，自我效能对引导人类身心健康发展具有实质性作用。作为积极心理学中重要的组成部分，自我效能可以在肯定自身能力，认可自身价值上起到良好的作用。因此，建立高校英语教师良好的自信心，确保其自我效能判定始终保持在积极状态，可促使其更加热爱工作，更加投身教育事业，并能认清自身价值，从理性、客观、科学的角度完成教育工作，不因盲目且急功近利而导致教学效果丧失。总体来说，自我效能的有效建立会促使英语教师的教学积极性提升，教学自信心增加，这对英语教学发展及英语教师身心健康而言，都是极为积极的影响。

三、互联网时代下高校英语教师自我效能提升方案

在定性自我效能的基础上，明确自我效能对高校英语教师的影响作用后，如何构建高校英语教师自我效能培养方案，成为现代教育体系优化发展的关键。对此，结合互联网这一时代背景，考虑基于数字技术的教师培养策略，从以下几方面出发，打造良好的自我效能培育方案，能科学引导高校英语教师自我效能形成，促进其积极有效投入英语教学工作中。

（一）数字再教育平台提升教师综合水平

互联网时代下高校英语教师自我效能培育的方案之一，是根据数字网络特征，构筑再教育平台，利用综合性素质培育手段，提升教师综合水平，从能力提升视角出发，激发教师自豪感、认同感与自信心，以便其在自我效能判定时可以得出积极科学的结果。目前，经过长时间摸索实践，数字再教育平台的构建逐步多元。具体来说，其囊括种类包括微课、慕课、再教育交流平台。

高校英语教师若想保证自身综合水平提升，能紧跟与时俱进的发展态势，不断完善与优化自身能力，利用微课、慕课等学习材料充实自身的教育能力至关重要，在日常课余时间内，选取适合微课进行学习，以此来尽快掌握与吸收先进知识点，不仅能提升其教育水平，而且能促使其发觉微课魅力，并在今后教学中利用微课，提升教学效果；同时注重再教育交流平台构建，互联网不仅能为教育者提供良好的教育资源，其同时也可提供给教育者科学的交流平台，在此类交流平台上，教育者不仅可以跟同行业教育者交流经验，总结教育利弊，同时也可以向专家学者询问存在难题，并提出自身困惑来询问论坛其他参与者解答。可以说，借助网络交流平台的探讨与研究，教育者将进一步优化自身教育能力，科学提升教育水平，进而提升教学自信，确保自我效能评估积极准确。

（二）互动体系基础上教学优化方案构建

互联网络不仅能营造良好的能力提升氛围，其在打造互动体系上也能起到良好效果，借助互联网的交互性与即时性，高校英语教师能第一时间掌握学生的学习效果，并对学习效果反馈出的教学缺失进行掌握。这在一定程度上对高校英语教师的培养方案构成影响，但在高校英语教师不断提升自身能力水平的前提下，则能很好地实现教学反思体系的构建。也就是说，利用互动体系的反馈内容，高校英语教师可构建教学反思方案，对比教学效果与预期效果之间存在的差异性，从而总结自身欠缺素养，在不断精进自己的前提下，借由教学效果达成预期部分来树立教育自信，提升学习动力。

此外，借助互动体系构建，高校英语教师与高校学生之间将形成良好的互动关系，并在彼此交流与互动中相互配合、相互依赖。高校学生将产生对教师的信任感与崇拜

感，而教师则会形成对高校学生的责任感与教育感，二者充分互动，将提升英语教育效果，并为英语教学优化奠定坚实的基础。总体来说，利用互动体系来构建教学优化方案，注重教学反思的同时建立起师生的良好关系，以此来保证教师在运用自我效能时更能为学生考虑，从而奠定迎合社会发展、学生发展的科学方法。不仅保证了教育教学效果，而且提升了教师教育自信。

科学认清自我效能的影响作用，明确其在成功动机激发、英语教学实施及英语教师心理培育上的影响作用，并基于互联网时代背景，保证教师培训科学，教育方案优化，以此来构筑良好的教育基础环境，不仅行之有效地培育符合社会发展的国际化人才，同时也能培育出身心健康、教育能力卓越的教育工作者。

参考文献

[1] 周帆.高校英语教育教学理论与实践研究 [M].长春：吉林大学出版社，2017.

[2] 朱佩兰，刘菲.英语教育与文化融合 [M].北京：北京工业大学出版社，2017.

[3] 陈品.大学校英语教学理论与实践 [M].天津：南开大学出版社，2013.

[4] 陈燕.大学英语教师专业发展新视角 [M].北京：中国政法大学出版社，2014.

[5] 杜秀莲.大学英语教学改革新问题新策略 [M].济南：山东大学出版社，2011.

[6] 樊永仙.英语教学理论探讨与实践应用 [M].北京：冶金工业出版社，2009.

[7] 冯莉.大学英语语法教学理论与实践 [M].长春：吉林出版社集团有限责任公司，2009.

[8] 何广铿.英语教学法教程：理论与实践 [M].广州：暨南大学出版社，2011.

[9] 张铭.当代大学英语教学理论与研究 [M].北京：九州出版社，2019.

[10] 姚永红.新媒体时代英语多模态教学模式架构 [M].长春：东北师范大学出版社，2018.

[11] 王晓燕，瞿宁霞.新媒体在英语教学中的有效应用研究 [M].长春：东北师范大学出版社，2018.

[12] 许西萍.基于网络多媒体的大学英语教学模式的研究 [M].长春：吉林出版社，2017.

[13] 冯改.大学英语教学模式问题与对策研究 [M].北京：中国商务出版社，2017.

[14] 张艳.论新媒体时代英语教育的创新 [J].佳木斯职业学院学报，2014（8）：294，298.

[15] 唐琛.新媒体环境对英语教学的影响 [J].新闻战线，2015（5）：141-142.

[16] 冉思丝.新媒体视角下高校英语教育的创新发展 [J].新闻战线，2015（5）：147-148.

[17] 邱欢.信息时代视野下大学英语教育媒体素养 [J].亚太教育，2015（10）：103.

[18] 朱丽华.如何利用新媒体进行大学英语教育教学 [J].当代教育实践与教学研究，2015（5）：17.

[19] 罗丁瑞. 新媒体语境下建构第五代成人英语教材 [J]. 现代出版，2015（5）：56-58.

[20] 陈若静. 新媒体时代的英语教育创新探究 [J]. 内蒙古师范大学学报（教育科学版），2015，28（10）：133-134.

[21] 李旭清. 构建新媒体虚拟平台促进英语语块习得 [J]. 赤峰学院学报（自然科学版），2017，33（23）：194-196.

[22] 拜晋慧. 新媒体环境下大学英语教学模式探索 [J]. 河北广播电视大学学报，2017，22（6）：87-89.

[23] 郭涛. 新媒体视角下高校英语教育的创新发展路径研究 [J]. 现代交际，2017（21）：130.

[24] 张传伟. 新媒体视角下高校英语教育的创新发展路径研究 [J]. 文化创新比较研究，2017，1（28）：84，86.

[25] 梁洁. 新媒体时代下高职英语教学存在的问题及解决措施 [J]. 佳木斯职业学院学报，2018（3）：404-405.

[26] 刘小琴，新媒体视角下高校英语教育的创新发展路径研究 [J]. 海外英语，2018（13）：85-86.

[27] 李明霞. 新媒体时代的大学英语教育模式研究——评《现代大学英语》[J]. 新闻爱好者，2018（6）：99.

[28] 姜璐. 新媒体背景下高校英语教育的创新发展 [J]. 农家参谋，2018（24）：179.

[29] 赵冰. 移动新媒体环境下以 POA 理论为指导的大学英语智慧教学模式构建 [J]. 教育理论与实践，2019，39（3）：51-52.

[30] 刘敬敏. 新媒体视角下高校英语教育的创新发展 [J]. 文化创新比较研究，2019，3（4）：89-90.

[31] 赖福聪. 新媒体技术在大学英语教育中的应用研究 [J]. 信息记录材料，2019，20（3）：132-133.

[32] 谢宇欣. 新媒体时代的英语教育创新探究 [J]. 传播力研究，2019，3（13）：225.